Igualdad

Igualdad

Qué es y por qué importa

THOMAS PIKETTY
y
MICHAEL J. SANDEL

Traducción de Albino Santos Mosquera

Papel certificado por el Forest Stewardship Council®

Primera edición: abril de 2025

© 2025, Michael J. Sandel y Thomas Piketty
© 2025, Penguin Random House Grupo Editorial, S.A.U.
Travessera de Gràcia, 47-49. 08021 Barcelona
© 2025, Albino Santos Mosquera, por la traducción

Penguin Random House Grupo Editorial apoya la protección de la propiedad intelectual. La propiedad intelectual estimula la creatividad, defiende la diversidad en el ámbito de las ideas y el conocimiento, promueve la libre expresión y favorece una cultura viva. Gracias por comprar una edición autorizada de este libro y por respetar las leyes de propiedad intelectual al no reproducir ni distribuir ninguna parte de esta obra por ningún medio sin permiso. Al hacerlo está respaldando a los autores y permitiendo que PRHGE continúe publicando libros para todos los lectores. De conformidad con lo dispuesto en el artículo 67.3 del Real Decreto Ley 24/2021, de 2 de noviembre, PRHGE se reserva expresamente los derechos de reproducción y de uso de esta obra y de todos sus elementos mediante medios de lectura mecánica y otros medios adecuados a tal fin. Diríjase a CEDRO (Centro Español de Derechos Reprográficos, http://www.cedro.org) si necesita reproducir algún fragmento de esta obra.
En caso de necesidad, contacte con: seguridadproductos@penguinrandomhouse.com

Printed in Spain – Impreso en España

ISBN: 978-84-19951-94-6
Depósito legal: B-2.579-2025

Compuesto en Promograff - Promo 2016 Distribucions

Impreso en Huertas Industrias Gráficas, S. A.
Fuenlabrada (Madrid)

C 9 5 1 9 4 6

Índice

Nota sobre el texto 9

1. ¿Por qué debe preocuparnos la desigualdad? 11
2. ¿El dinero debería importar menos? . 21
3. Los límites morales de los mercados . . 33
4. Globalización y populismo 49
5. Meritocracia 65
6. Loterías: ¿deberíamos reservarles un papel en la admisión de alumnado universitario y en la selección de parlamentarios? 77
7. Impuestos, solidaridad y comunidad . . 95
8. Fronteras, migración y cambio climático 107
9. El futuro de la izquierda: economía e identidad 131

Nota sobre el texto

Este libro es la versión editada de una conversación entre Thomas Piketty y Michael J. Sandel, que tuvo lugar en la Escuela de Economía de París el 20 de mayo de 2024.

1

¿Por qué debe preocuparnos la desigualdad?

SANDEL:

Thomas, gracias por invitarnos a la Escuela de Economía de París para tener esta conversación sobre la igualdad. Una forma de indagar en el significado de este concepto consiste en preguntarse por qué importa la desigualdad. Tus estudios han puesto claramente de manifiesto para todos nosotros lo extremas que son las desigualdades de renta y de riqueza. Comencemos por ahí. Has evidenciado que el 10 por ciento más rico de la población europea percibe más de un tercio de la renta total del continente y posee más de la mitad de la propiedad. Y en Estados Unidos, las desigualdades son más exageradas todavía. A muchos esto nos resulta preocupante, pero ¿por qué exactamente es un problema?

Piketty:

Estoy encantado de que tengamos esta ocasión para dialogar.

Permíteme que comience por destacar que soy optimista en lo que a la igualdad y la desigualdad se refiere. Así lo he argumentado en mi más reciente libro, *Una breve historia de la igualdad*, donde señalo que, aunque actualmente hay mucha desigualdad en Europa, en Estados Unidos, en India, en Brasil y en todo el mundo, a largo plazo se viene observando una tendencia hacia una mayor igualdad. ¿De dónde procede tal tendencia? Lo digo porque, respondiendo a esta pregunta, podré responder también a la tuya. Pues bien, nace de la movilización social y de una fuerte, enorme, demanda social de igualdad de derechos de acceso a lo que las personas consideran que son los bienes fundamentales, entre los que se incluyen la educación, la salud, el sufragio y, en general, a la máxima participación posible en diversas formas de la vida social, cultural, económica, cívica y política. Tú mismo has resaltado en tus trabajos el papel que desempeñan el autogobierno y la participación. Y pienso que el apetito de participación democrática y de autogobierno también ha estado detrás del mencionado movimiento hacia una mayor igualdad a largo plazo.

Ahora bien, eso no ha sido así desde siempre y, menos aún, desde tiempos prehistóricos. Empezó en concreto a finales del siglo XVIII, con la Revolución francesa y la abolición de los privilegios de la aristocracia, y también, hasta cierto punto, con la independencia estadounidense. Se prolongó durante el siglo XIX con la abolición de la esclavitud, el auge de los movimientos obreros y la expansión del sufragio universal masculino y, más tarde, del femenino. Continuó durante el siglo XX con el desarrollo de la seguridad social, la fiscalidad progresiva y la descolonización, y ha proseguido incluso en décadas recientes. A veces, nos referimos a la era neoliberal que dio comienzo en los años ochenta como un periodo de creciente desigualdad. Y así ha sido en cierta medida. Pero también es cierto que, en determinadas dimensiones de la desigualdad, como las que atañen a la desigualdad de género, la racial o también (hasta cierto punto) la que separa al Norte del Sur a escala mundial, la tendencia a largo plazo hacia una mayor igualdad se ha mantenido. Y, a mi juicio, va a proseguir en el futuro. ¿Por qué? Porque el auge de la modernidad se acompaña de un aumento de la conciencia democrática y de un mayor deseo de igualdad en el acceso a bienes fundamentales y a todas las formas de participación y de dignidad. Y esa es en realidad la fuerza impulsora, también en lo que atañe a las dimensiones monetarias de la desigualdad.

Por concluir respondiendo a tu pregunta concreta sobre la desigualdad de renta y de riqueza, te diré que las cifras que mencionabas sobre los elevados niveles de desigualdad actuales son correctas, pero eran aún peores hace cien años. Y peores incluso doscientos años atrás. Así que ha habido un progreso a largo plazo. Nunca ha sido fácil. Siempre ha implicado unas batallas políticas y una movilización social enormes. Y seguirá implicándolas. La buena noticia es que son batallas que se pueden ganar y que ya se han ganado en el pasado. Estudiarlas tal vez sea una de las mejores maneras posibles de prepararnos para los siguientes pasos.

SANDEL:

Según he entendido, acabas de identificar tres motivos por los que la desigualdad es un problema. Uno tiene que ver con el acceso de todas las personas a los bienes básicos. El segundo guarda relación con la igualdad política —de voz, de poder y de participación—, y luego has mencionado de pasada un tercero: la dignidad. Me gustaría ver si podemos desagregar estas tres razones por las que la igualdad y la desigualdad importan.

¿POR QUÉ DEBE PREOCUPARNOS LA DESIGUALDAD?

Imaginémonos —hipotéticamente— que tuviéramos las mismas desigualdades de renta y de riqueza que tenemos hoy en día, pero que pudiéramos aislar el proceso político de la influencia de esas desigualdades económicas. Supongamos, pues, que pudiéramos contar con una financiación pública de las campañas electorales sin que hubiera aportaciones privadas de dinero. Supongamos que pudiéramos regular la actividad de los lobbies, de tal manera que las empresas con más poder y las personas ricas no contaran con una voz desproporcionadamente influyente en política. Supongamos que pudiéramos aislar, de algún modo, la voz y la participación políticas de los efectos de las desigualdades de renta y de riqueza. Y supongamos que pudiéramos mejorar el acceso a bienes humanos básicos —como la salud, la educación, la vivienda, la comida y el transporte— por medio de un Estado del bienestar más generoso. Imaginémonos, pues, que pudiéramos dar respuesta a la primera preocupación —la del acceso a los bienes básicos— y a la segunda —la del acceso a una participación y una voz política adecuadas— dejando intactas al mismo tiempo las desigualdades de renta y de riqueza. ¿Seguirían estas siendo un problema?

Piketty:

Creo que seguiría existiendo un problema, en concreto, en lo relativo a la dignidad básica y a las relaciones humanas y de poder que se desprenden de la desigualdad. La distancia monetaria entre personas es algo más que mera distancia monetaria. Se acompaña de una distancia social. Lógicamente, la influencia de las empresas en la política y en los medios de comunicación es una de las repercusiones más visibles del dinero en el espacio público. Y cuesta mucho imaginar cómo podríamos solucionar este problema con una escala de renta y de riqueza tan desigual como la actual. Pero, incluso si pudiéramos, tomándonos tu experimento mental en serio, seguiríamos teniendo una inmensa desigualdad de poder adquisitivo sobre el tiempo de las otras personas. Si gastándome el equivalente de una hora de mis ingresos puedo comprarme un año entero de tu trabajo, las formas de distancia social en las relaciones sociales que algo así implica ponen sobre la mesa preocupaciones y preguntas muy serias. La formación misma de nuestros ideales sobre la democracia y el autogobierno, que atañen no solo a la organización formal de las campañas políticas y el acceso a la información, sino también a todas esas otras relaciones más informales que se dan en nuestra comunidad local —relaciones sociales en las que las personas interactúan y deliberan—, se ve amenazada por unas desigualdades monetarias tan enormes como esas.

Por último, a mi entender, el argumento político y filosófico más importante al respecto es, en realidad, uno de carácter histórico, pues, históricamente, juntos hemos conseguido encontrar soluciones para resolver estas preocupaciones. Hemos sido capaces de reducir la desigualdad de manera considerable, no solo la referida al acceso a los bienes básicos y a la participación política, sino también la monetaria en términos de renta y de riqueza. Si nos fijamos en la situación actual, incluso tras el aumento de la desigualdad en las últimas décadas, la brecha de renta en Europa entre el 10 por ciento (o el 1 por ciento) más rico de la población y el 50 o el 10 por ciento más pobre es inmensamente menor que cien años atrás. En Estados Unidos ese estrechamiento no es tan considerable, pero incluso allí se ha reducido la brecha en comparación con la situación de hace un siglo.

Así pues, a largo plazo, hemos avanzado hacia una mayor igualdad, y no solo lo hemos hecho sin menoscabar la prosperidad u otros objetivos legítimos que pudiéramos desear compaginar con el igualitarismo, sino que, en el fondo, ese avance ha sido un componente clave del aumento contemporáneo de la prosperidad. ¿Por qué? Porque, tras el enorme incremento histórico de la prosperidad, se esconde el auge de un sistema socioeconómico más inclusivo e igualitario —en especial, en lo relativo al acceso a la educación— que ha resultado del todo crucial.

Hay, sin embargo, dos límites a ese proceso. Uno es que, cuando hablamos de acceso a bienes básicos, hemos de tener en cuenta que lo que considerábamos como tales hace cien años no es lo mismo que lo que entendemos en la actualidad. Así, hoy en día, una cuestión muy importante es la de cómo implantar un sistema educativo justo, incluso en niveles de enseñanza superior, un tema sobre el que has escrito recientemente y sobre el que hablaremos más adelante. Para no extendernos más en este punto, aquí solo diré que el hecho de que hayamos renunciado más o menos a conseguir un objetivo igualitarista ambicioso en educación superior está en la raíz misma de muchos de nuestros problemas actuales, tanto económicos como, más aún si cabe, democráticos.

Una segunda salvedad importante, que ya he destacado desde el principio, se refiere a la dimensión internacional y a la división Norte-Sur. Buena parte de la prosperidad de la que gozamos en el Norte hoy en día —históricamente, en Europa y en Estados Unidos— no solo ha llegado a través de una mejora de la educación y de una inversión más inclusiva en sanidad y en la adquisición de competencias, lo cual es muy positivo en cierto sentido (una transformación institucional en la que todos salimos ganando), sino que también ha sido posible gracias a la división mundial del trabajo. Esta, en la práctica, se ha traducido en una explotación de recursos (tanto naturales como humanos) que, en ocasiones, se ha llevado a cabo de un modo brutal y que, por supuesto, también ha acarreado el coste adicional de la amenaza a la sostenibilidad planetaria, cada vez más evidente en nuestros días. Y esta, a mi entender, es claramente la principal limitación de este avance positivo hacia una igualdad y una prosperidad mayores al que me he referido como principal reto para el futuro. Pero es también uno de los motivos por los que, en última instancia, todavía quiero conservar el optimismo, pues pienso que el único modo de abordar estos nuevos desafíos planetarios consiste en ir aún más lejos de lo que hemos llegado a imaginarnos en el pasado para alcanzar la igualdad.

2

¿El dinero debería importar menos?

SANDEL:

De acuerdo. Ya hemos identificado y hemos comenzado a analizar tres aspectos de la igualdad. Uno es económico; otro es político, y un tercero tiene que ver con las relaciones sociales (la dignidad, el estatus y el respeto). Me gustaría regresar en breve a este tercer aspecto, porque, en cierto sentido, es el más complicado, y puede que también sea el más interesante. Pero antes querría entrar en tus propuestas para abordar estas tres dimensiones de la desigualdad. La primera de ellas es una tributación más progresiva; la segunda, un desarrollo más pleno del Estado del bienestar, y la tercera, un impuesto de sucesiones que sirva para garantizar una herencia para todas las personas.

Yo secundo todas esas propuestas. Habrá quienes digan que solo representan una versión un poco reforzada del tipo de proyecto socialdemócrata que se ha venido implantando durante el último medio siglo aproximadamente, y que con ellas solo se aspira a materializarlo de un modo más completo. Pero, al leer tu trabajo, he advertido un par de propuestas que me parecen más radicales y que podrían significar una redefinición del proyecto socialdemócrata al llevarlo más allá de esos otros parámetros más familiares. Una de ellas tiene que ver con el aspecto transnacional, lo que resulta muy interesante. Pero antes de que lleguemos ahí, quisiera destacar lo que has escrito sobre la desmercantilización progresiva de la economía y de la vida social. Y me gustaría hacerte una pregunta sobre la desmercantilización en relación con la redistribución, porque el proyecto socialdemócrata estándar está centrado principalmente en la redistribución de la renta y la riqueza, y, en consecuencia, de la voz política de los ciudadanos.

Deja que te plantee otro experimento mental, uno relacionado con la redistribución y la desmercantilización. Imagina dos formas distintas de tratar las desigualdades de las que venimos hablando. Una consistiría en tratar de redistribuir la renta y la riqueza para dar a todo el mundo un poder adquisitivo más similar, pero dejando la economía tan mercantilizada como lo está ahora. Esa sería la solución número uno. La solución número dos sería dejar la distribución de la renta y la riqueza tal como está actualmente, pero desmercantilizar la economía y la vida social de tal modo que el dinero no importe tanto. Supongamos, por ejemplo, que los bienes humanos fundamentales —el acceso a la educación, a la sanidad o a la vivienda, así como a la voz, la influencia y la participación políticas— se pudiesen desmercantilizar. Supongamos que pudiésemos desmercantilizar la vida social hasta el punto de que la única ventaja real de ser rico fuese la capacidad de pagar por cosas como yates, caviar, operaciones de cirugía estética u otros lujos por el estilo. Si pudiésemos escoger uno de esos dos proyectos (redistribución radical sin afectar a la mercantilización o desmercantilización de la vida social sin afectar a la distribución actual), ¿por cuál te decantarías?

PIKETTY:

Para empezar, y antes de responder a tu pregunta, deja que diga que la socialdemocracia fue, en otro tiempo, un proyecto radical. Cuando los socialdemócratas suecos accedieron por vez primera al poder en la década de 1930 y permanecieron en él tras la Segunda Guerra Mundial, o cuando el Partido Laborista [británico] llegó al gobierno en 1945, entre sus ministros había personas que habían tenido que abandonar los estudios a los once, los doce o los trece años de edad. Algunos de ellos eran mineros del carbón. Esas personas llegan al poder en países que cuentan con una larga tradición aristocrática, y no me estoy refiriendo solo a Reino Unido, sino también a Suecia. Hasta la Primera Guerra Mundial, Suecia era un país donde solo el 20 por ciento de la población masculina podía votar, y los miembros de ese 20 por ciento privilegiado tenían asignadas diferentes cantidades de votos (entre uno y cien por persona) en función de su riqueza. Además, en las elecciones municipales no había techo, por lo que, en varias decenas de municipios, un solo individuo acaparaba más del 50 por ciento de los votos y actuaba como un dictador local en toda regla. Eso era Suecia hasta la Primera Guerra Mundial. Ese es el punto del que partíamos, y creo que es importante que nos demos cuenta del largo camino que hemos recorrido. Eso nos muestra, además, que nada se queda congelado en el tiempo, que el nivel de igualdad o de desigualdad no viene determinado por unos atributos culturales o civilizatorios permanentes, y que las cosas pueden cambiar gracias a la movilización política.

Voy a insistir en este ejemplo, porque me llevará también a la cuestión de la desmercantilización. Cuando los socialdemócratas accedieron al poder en los años treinta y cuarenta, aupados por la fuerza del movimiento sindicalista, lo que demostraron con ello, en el fondo, es que el Estado en sí no es igualitario ni antiigualitario, sino que depende de quién lo controle y de lo que se haga con él. Ellos lograron poner la capacidad estatal de Suecia al servicio de un proyecto completamente diferente, en el que, en vez de repartir los derechos de voto en función de la renta o la riqueza de las personas, hicieron que todas ellas pagasen unos impuestos elevados y progresivos, para que fuesen estos los que estuviesen en función de la renta y la riqueza de cada uno. Y con ellos financiaron un sistema —con educación pública incluida— que estaba fuera de la lógica monetaria y del lucro.

Esa es la esencia de la desmercantilización, y lo ha sido a lo largo de toda la historia. Se trataba de abstraer sectores económicos enteros al poder del afán de lucro. Y la buena noticia es que no solo funcionó, sino que hoy en día los sectores económicos abstraídos son muy grandes. La educación y la sanidad constituyen casi el 25 por ciento de la economía, muy por encima de todos los sectores industriales juntos en los países desarrollados. Y funcionan en gran medida fuera de la lógica lucrativa, fuera del modelo de la propiedad accionarial. Además, lo hacen muy bien. En un país como Estados Unidos, donde el sector sanitario sí opera mucho más conforme a la lógica del beneficio económico privado, se gasta solo en sanidad casi un 20 por ciento del PIB, aunque con resultados horribles en comparación con los de países europeos donde esos sistemas operan bajo la lógica de lo público. Así pues, esa desmercantilización ha funcionado en la historia más o menos reciente. Se desplegó guardando una relación muy estrecha con la redistribución y con la compresión de la escala de rentas y salarios, y lo hizo gracias a la movilización socialdemócrata y sindical, algo bastante radical en aquel entonces.

Recordemos lo que Hayek escribió con relación al «camino de servidumbre». A sus amigos británicos y suecos que votaban a los laboristas o a los socialdemócratas les decía: «Vais a acabar como la Unión Soviética. Vais a terminar siendo una dictadura». Viniendo de alguien que luego apoyó a Pinochet en los setenta, ese temor cerval a los socialdemócratas suecos y a los laboristas británicos puede resultarnos curioso en la actualidad. Pero, en aquel entonces, se tenía la percepción de que, con estos movimientos políticos, el control del Estado iba a caer en manos de los bárbaros. Y resulta que, al final, lo hicieron bastante bien.

Ahora el problema es que la socialdemocracia, ya a partir de los años ochenta, pero especialmente de 1990 o 2000 en adelante, tras la caída de la Unión Soviética, comenzó a considerarse a sí misma como una especie de producto terminado o congelado (o, cuando menos, así lo hicieron algunos de los dirigentes de los partidos socialdemócratas). Y eso es un error, porque el tipo de transformación que yo imagino para el siglo XXI es del mismo orden de magnitud que la que se ha venido produciendo durante los últimos cien años. En mi trabajo, hablo del socialismo participativo y del socialismo democrático, un sistema que es bastante distinto del sistema económico que tenemos en la actualidad. Pero yo diría que no es más diferente del tipo de sociedad socialdemócrata que hoy tenemos de lo que la sociedad socialdemócrata actual lo es del capitalismo de hace cien años. El cambio sería de una magnitud similar.

Bien, paso ahora a la cuestión de la desmercantilización; trataré de responder a tu pregunta de forma directa. ¿Qué es más importante: la compresión de la escala monetaria de la desigualdad, o la desmercantilización? Si esta última avanza lo bastante, es evidente que la desigualdad económica se vuelve casi irrelevante. Así que supongamos que la economía está desmercantilizada en un 99 por ciento. Eso significa que ese porcentaje de los bienes y servicios —como la educación o la sanidad— son de acceso gratuito. Solo quedan un 1 por ciento mercantilizados, por lo que la renta monetaria corresponde también al mismo porcentaje de la renta nacional, ya que, como es lógico, esta última debería incluir (y, de hecho, ya lo hace hasta cierto punto en nuestra contabilidad actual) los servicios públicos que están disponibles de forma gratuita. Por lo tanto, si el componente monetario de la renta supone solo el 1 por ciento de la renta nacional, tanto si la ratio de la diferencia entre las rentas más altas y las más bajas es de uno a cinco, como si es de uno a diez o de uno a veinte, dentro de ese uno por ciento de renta total poca relevancia tendrá. En realidad, no habrá mucho margen para esa intervención de cirugía estética tan cara que te querías hacer, porque quedará muy poco poder adquisitivo para pagarla. Ahora bien, dicho esto, deberíamos proceder por ambas vías a la vez, porque eso es lo que se ha hecho históricamente y porque el porcentaje mercantilizado continuará siendo muy superior al 1 por ciento durante mucho tiempo todavía.

Déjame recalcar esto último, es decir, el ascenso histórico del Estado social. Hay quienes prefieren denominarlo «Estado del bienestar». Yo prefiero la noción de «Estado social» porque incluye la educación y otros servicios e infraestructuras públicos, y no solo la seguridad social propiamente dicha. El ascenso histórico del Estado social fue posible gracias al auge de los sindicatos, de los fondos públicos de seguro social y de las cotizaciones sociales para sufragar esos fondos, pero también gracias a la implantación de un sistema tributario muy progresivo y a una enorme compresión de las brechas salarial, de renta y de riqueza. Todos conocemos la historia básica, pero, a veces, la gente olvida que el Estado social surgió en muchos países, no solo en Suecia, Alemania, Francia o Reino Unido, sino también en Estados Unidos, que, durante muchas décadas del siglo XX, tuvo tipos impositivos marginales máximos de hasta el 80 y el 90 por ciento. De 1930 a 1980, el tipo máximo del impuesto sobre la renta fue, de media, del 82 por ciento. No parece que eso destruyera el capitalismo estadounidense. Si acaso, esa época coincidió con el momento en que la productividad de la economía de Estados Unidos en términos de renta nacional por horas de trabajo era la más alta del mundo, y también en el que mantenía una mayor distancia con respecto a la de otros países.

¿Por qué? Porque en aquel entonces la educación estaba más extendida en la sociedad estadounidense. Lo estuvo hasta cierto punto durante todo el siglo XX, pero, en aquellas décadas centrales, la brecha educativa entre Estados Unidos y otros países era inmensa. En los años cincuenta, el 90 por ciento de la población adolescente estadounidense cursaba estudios de secundaria. En Alemania, Francia y Japón, esa proporción era de entre el 20 y el 30 por ciento, y hubo que esperar hasta la década de los ochenta para que allí hubiera también este acceso casi universal de los más jóvenes a la enseñanza secundaria. Y ahí radica la clave de la prosperidad. A mediados del siglo XX, el hecho de que hubiera esos tipos máximos del 80 o el 90 por ciento en el impuesto sobre la renta de los individuos con mayores ingresos y con mayor riqueza heredada no tuvo consecuencias negativas importantes. Toda esa compresión de la brecha en renta, riqueza y salarios fue el resultado no solo de un sistema tributario progresivo, sino también de la implantación de las políticas de salario mínimo interprofesional y la potenciación del papel de los representantes de los sindicatos de trabajadores, a los que me gustaría que, en el futuro, se les diera mucho más poder en los consejos de administración de las empresas.

Todo eso fue muy importante. También contribuyó a la construcción de un nuevo contrato social por el que la clase media aceptaba contribuir al Estado social. Sabía que se beneficiaría de este, pero también que la clase alta iba a pagar mucho más. Hoy, sin embargo, en la clase media se tienen serias sospechas —o, bueno, más que sospechas— de que las personas de arriba del todo no están pagando lo que les corresponde en justicia. Eso hace que la gente de clase media diga: «Pues, vale, entonces yo no quiero pagar para beneficiar a personas que son más pobres que yo». Y así es como todo ese contrato social que se instituyó en el siglo XX comienza a desmoronarse.

El sistema impositivo progresivo fue crucial, en última instancia, porque también es lo que hizo posible la regulación del poder económico que se deriva de la existencia de una gran brecha salarial o de renta entre las personas mejor pagadas en el sector privado y las que están en la Administración. Hablábamos antes del efecto de la brecha monetaria sobre la dignidad y la regulación social, pero se trata también de una cuestión de eficiencia. Si quieres contar con las personas adecuadas en los organismos de regulación pública, pero les pagas la vigésima parte de lo que cobran quienes trabajan en Google, por ejemplo, tienes un problema. Y la solución no consiste en pagarles veinte veces más. La solución, obviamente, pasa por reducir de forma considerable la brecha salarial a fin de comprimir la brecha de renta. Al menos, así ha funcionado históricamente.

Yo soy, ante todo, un historiador social y económico. En mi labor como científico social, me fijo en la historia de la igualdad, y no, no tenemos que elegir entre desmercantilización y redistribución, porque ambas cosas han ido de la mano en la historia y han tenido un éxito increíble juntas.

3

Los límites morales de los mercados

Sandel:

De acuerdo, pues permíteme que te insista un poco más en esto último. Veo que funcionan juntas y que pueden reforzarse mutuamente, pero me parece que hay dos razones por las que la mercantilización excesiva de la vida social y económica debería preocuparnos. Una de ellas la has estado explicando ahora mismo: hace que el dinero importe más y, en un contexto de desigualdad económica, impide el acceso de las personas a bienes básicos como la educación, la sanidad o una voz política. Evidentemente, ese es un motivo importante para que la mercantilización nos preocupe y para que queramos desmercantilizar la vida social. Pero quisiera saber qué piensas sobre un posible segundo motivo para buscar la desmercantilización de la vida social, que no tiene que ver con la igualdad ni tan solo con proporcionar un acceso justo a los bienes humanos esenciales. Se trata, más bien, de si el hecho de que todo esté en venta desvaloriza, corrompe o degrada el significado de los bienes, con independencia de que obstruya o no el acceso a estos por parte de quienes no se los pueden permitir.

Podríamos traer a colación, por ejemplo, el caso de la enseñanza superior. Si la educación está muy mercantilizada, se nos planteará por supuesto la cuestión del desigual acceso a la misma, una desigualdad que suscita una crítica ya consabida y que hemos comentado aquí. Pero ¿acaso no llevaría también a los estudiantes a concebir el sentido de la educación en términos principalmente instrumentales —entendiéndola como una vía para conseguir un buen trabajo o ganar más dinero— y no haría que se perdiera o se erosionara el interés de estos (y, en última instancia, de las universidades) por el bien y el valor intrínsecos de enseñar y de aprender?

Piketty:

Desde luego que sí. Y también corrompe a los profesores. Se han llevado a cabo multitud de experimentos que muestran que, si das incentivos económicos a los docentes vinculándolos a las notas que reciben sus alumnos, a veces consigues que suban las calificaciones medias de sus clases, pero cuando preguntas a los estudiantes seis meses después por lo que han aprendido realmente, descubres que no han aprendido nada, porque los profesores se han centrado en enseñarles a conseguir buenas notas en los exámenes, pero no en que aprendieran el contenido real, aquello que no desaparece seis meses más tarde sin más.

Así que estás totalmente en lo cierto y pido disculpas si no he sido claro antes al respecto, pero, en el fondo, esa es la razón, el motivo clave, por el que la desmercantilización funcionó en el siglo XX en los campos de la educación y la sanidad en particular. Podríamos buscar otros ejemplos en los ámbitos de las infraestructuras públicas, el transporte, el sector energético o la cultura. Podríamos encontrar muchos otros ejemplos en áreas que creo que probablemente van a representar más del 50 por ciento de nuestro sistema económico en el siglo XXI, cuando no el 60, el 70 o incluso el 80 por ciento. Pero si el proceso desmercantilizador funcionó tan bien con la educación y la sanidad, fue precisamente porque el tipo de motivación intrínseca que las personas tienen para trabajar en estos sectores tiende a destruirse cuando intervienen motivos propiamente monetarios o lucrativos.

Pongamos el caso del sistema sanitario en Estados Unidos. Lleváis mucho tiempo metiendo una gran cantidad de dinero en él. Hubo un tiempo en que decíais que la sanidad os costaba un 10 por ciento del PIB, luego fue un 15 por ciento. Ahora es un 18 por ciento y pronto será un 20. ¿Y qué conseguís a cambio en términos de esperanza de vida y de otros indicadores de salud básicos? Pues unos resultados malos, muy malos. ¿Por qué algunos sistemas públicos europeos lo están haciendo mucho mejor con menos dinero? Vale, puede que a sus trabajadores no se les pague igual de bien y que los médicos en Europa sean un poco menos ricos en muchos casos —son ricos, pero no tanto como en Estados Unidos—, pero todo parece indicar que están realizando una labor que es, como mínimo, igual de buena.

Creo que cuando se mercantiliza todo y se dan mayores incentivos económicos, mayores salarios, se acaba con mucho de aquello que de verdad importa a las personas en su trabajo, en su vida. Y esto no es una mera elucubración; está basado en el examen de cómo funcionan estas cosas. Algunas personas han tratado de instaurar estructuras con ánimo de lucro por todas partes. Ahí está, por ejemplo, el caso de la Universidad Trump, que era privada y tenía fines lucrativos. Fue un desastre. Ni siquiera los centros más elitistas y de más caro acceso —como la Universidad de Harvard y otras instituciones de la Ivy League— se administran como empresas que responden ante un accionariado. Son instituciones sin ánimo de lucro. Eso no significa que tengan un funcionamiento justo. Hay muchos problemas con su política de admisiones, con cómo se consigue un puesto en el patronato directivo de un sitio como Harvard, con muchas cosas, pero, al menos, uno allí no transmite directamente su puesto o su poder de voto a sus hijos (o, al menos, se supone que no debe hacerlo). Así que el dinero en general —y el propietario privado en particular— tiene menos poder. ¿Funcionarían mejor las universidades si fueran empresas participadas por accionistas? Lo dudo, porque probablemente con ello se habría destruido aquello que tú o tus alumnos en Harvard valoráis en una institución que se dedica a la enseñanza y a la investigación.

Por lo tanto, sí, la desmercantilización está muy relacionada con las motivaciones intrínsecas, y eso es extensible a otros sectores como la cultura o el transporte, los cuales, en el futuro, desde mi punto de vista, son los que van a tener una importancia cada vez mayor.

SANDEL:

Adam Smith sugirió que a los tutores de Oxford se les pagase en función del número de estudiantes que asistieran a sus clases.

Piketty:

Tal vez era demasiado economista.

Sandel:

Y a Kant, en su primer trabajo si no recuerdo mal, le pagaron conforme al número de alumnos que tenía en clase.

Piketty:

Sí, en el pasado el dinero desempeñó un enorme papel en la educación. En la actualidad, cuando se habla de alumnado «heredado» y se dice que los hijos de exalumnos o de donantes ricos pueden comprar su ingreso en las universidades, me viene a la memoria la historia del final de la China imperial. Hoy creemos que el del Imperio chino era un sistema que valoraba mucho los exámenes. Y no cabe duda de que existían unas pruebas de acceso muy sofisticadas para seleccionar a los altos funcionarios. Pero también se podía pagar para conseguir esos cargos. Era un sistema complejo en el que había una vía de acceso especial para los hijos de la clase de los guerreros manchúes, quienes, pese a no ser especialmente cultos, querían aprovechar su estatus militar para procurarles a sus hijos algunos de los puestos más elevados del funcionariado imperial. Aunque también había algunos burgueses que tenían mucho dinero pero cuyos hijos no rendían necesariamente todo lo bien que les gustaría, y se las arreglaban para pagar para compensarlo.

No tiene nada de nuevo, pues. Y estoy seguro de que muchos justificaban aquello no tanto en el sentido en que lo hicieron Adam Smith o Kant tiempo después, es decir, desde el punto de vista de la motivación de los profesores, como alegando que la institución en cuestión necesitaba mayores apoyos y que eso era lo que había que aceptar a cambio. Más o menos como en Estados Unidos hoy en día. Así que, sí, ese tipo de controversias tienen ya una rica historia a sus espaldas. No pretendo afirmar que esos argumentos son siempre y necesariamente erróneos o poco convincentes. De hecho, algunos de ellos deben tomarse muy en serio. Pero si los sometemos a un mínimo examen histórico crítico, creo que la conclusión a la que llegaremos es que la desmercantilización igualitaria ha sido un gran éxito.

SANDEL:

Bien, paso a decirte el motivo por el que quería ver si estabas de acuerdo con este segundo argumento en defensa de la desmercantilización de la vida social, que no está tan centrado en la igualdad como en la corrupción del sentido de los bienes y las prácticas sociales. La razón por la que esto me parece más radical que el proyecto socialdemócrata convencional, o está, cuando menos, más alejado de ese proyecto y quizá también en desacuerdo con la forma en que los economistas convencionales conciben la economía, es que nos obliga a debatir y a deliberar sobre la forma adecuada de valorar los bienes. Los economistas (o muchos economistas de las escuelas dominantes) dan por sentados los modos de valoración y las preferencias de hecho de los consumidores en la vida económica, y se preguntan cómo maximizar la satisfacción de tales preferencias dentro de ciertas consideraciones distributivas. Pero este argumento en defensa de la desmercantilización por su carácter «anticorruptor», si es que podemos llamarlo así, nos obligaría a debatir sobre la forma apropiada de valorar la salud, la educación, las actividades culturales... Y eso nos forzaría a entrar en un debate político acerca de si ciertos modos de valoración son más elevados, o más respetables, que otros. Haría que la economía y también el discurso público fuesen más críticos de lo que muchos socialdemócratas y, por supuesto, muchos ultraliberales estarían dispuestos a aceptar. ¿Te atraería, entonces, un modo más crítico de discurso público y, por ende, de teoría económica, o te inspira más bien reticencias?

Piketty:

No, no, por supuesto que me atrae. Déjame aclarar que yo no me identifico tanto como economista. Veo mi trabajo más bien como el de alguien que hace historia social y económica. Me sitúo en cierto punto de intersección entre la historia socioeconómica y la economía política en el viejo sentido del término, el de una economía que reconoce plenamente su dimensión moral y política.

Permíteme subrayar también que la valoración es ya en sí un proceso político. Por tanto, la idea de que puedas dejar la cuestión del valor en manos del mercado, de la oferta y de la demanda, no solo es insatisfactoria desde el punto de vista intelectual, sino que tampoco se corresponde con cómo funciona esa dinámica en realidad. Incluso hoy en día, con todos los límites inherentes a la contabilidad nacional y al PIB, y aun reconociendo que no hablamos lo bastante de la desigualdad y que, siendo suaves, no tenemos suficientemente en cuenta la habitabilidad planetaria... incluso en un sistema tan imperfecto como este, digo, hay mucho de valoración política, pues el valor de la sanidad y de la educación que se proporcionan de forma gratuita se calcula en la práctica por el coste de producción de las mismas. Desde un punto de vista técnico, esto significa que los salarios y los insumos que consideramos necesarios para producir educación y sanidad determinan el valor de esa educación y esa sanidad en las cuentas nacionales. Y eso no sale de un proceso de mercado de oferta y demanda, sino de una deliberación política donde decidimos esas cosas colectivamente a través de parlamentos, instituciones presupuestarias y procedimientos políticos que están lejos de ser perfectos, pero que se sitúan fuera del ámbito del mercado y que, en la práctica, determinan cuánto vamos a pagarle a un médico en un hospital público o a unos profesores en un centro educativo estatal. Y de ahí sale el valor de la educación y la sanidad que se registra en el PIB nacional.

Así pues, la dimensión política de la valoración ya está presente. Puede que en la actualidad ese componente represente un 25 o un 30 por ciento de la producción de valor que se registra en la renta nacional, que se contabiliza de ese modo. Pero, tal como veo el futuro, podría alcanzar el 50, el 60, el 70 o el 80 por ciento. Así que, sí, la desmercantilización incluye una valoración política, eso que tú llamas evaluación crítica.

Volviendo ahora a la socialdemocracia, ¿se trata de un producto congelado? ¿Tendríamos que avanzar solo un poquito más respecto a lo que ya hemos hecho? ¿O necesitamos algo más radical? Quiero dejar claro, una vez más, que, desde un punto de vista histórico, la socialdemocracia era un proyecto radical cuando el Partido Laborista llegó al poder en 1945 en Reino Unido, e incluso con Roosevelt, a su modo, aunque la tradición política en Estados Unidos era distinta. Lo mismo puede decirse de los socialdemócratas suecos o de cuando los socialistas y los comunistas franceses accedieron al poder e instituyeron el sistema de seguridad social y de servicios públicos del país en 1945. Era un proyecto radical y terminó volviéndose convencional porque tuvo éxito. Es el mismo reto al que nos enfrentamos hoy. Y para abordarlo con garantías, necesitamos solventar ciertas deficiencias importantes de la tradición socialdemócrata del siglo XX.

Una de ellas es el hecho de que hayamos detenido la ampliación de la educación y la sanidad. Es necesario que la reanudemos y que prosigamos en esa dirección. Pero si de verdad queremos que toda una generación acceda a la educación superior, tendremos que pensar en la cantidad de recursos necesarios para implantar el sistema educativo adecuado —llegados a cierto punto, la diferencia cuantitativa marca también la diferencia cualitativa— y tendremos que reflexionar asimismo sobre lo que significa tener un proceso de admisiones equitativo. Tenemos que pensar en cómo organizar un sector social tan amplio como ese en general. El problema es que lo hemos congelado todo en los niveles de los años ochenta y noventa del siglo pasado. Si nos fijamos en el total de recursos públicos que se dedican a educación, estos se decuplicaron entre 1910 y 1990, y pasaron de representar menos del 0,5 por ciento de la renta nacional en 1910 a estar entre el 5 o el 6 por ciento de esta en 1990. Pero, desde entonces, tanto en Estados Unidos como en Europa se han quedado básicamente congelados en ese nivel, al tiempo que ha incrementado considerablemente la proporción de jóvenes que acceden a la enseñanza superior. En los años ochenta, ese porcentaje generacional era del 20 o del 30 por ciento a lo sumo. Ahora vemos cifras del 50, el 60 o incluso el 70 por ciento en Corea del Sur. Si soportamos semejantes incrementos con los recursos congelados, es evidente que vamos a tener un escenario en el que habrá centros de élite donde los estudiantes cuenten con muchos recursos, pero un sistema general donde la mayoría de alumnos estudien en universidades públicas (o en *community colleges* en Estados Unidos) sin los recursos adecuados.

Así que esa es una primera limitación importante del proyecto socialdemócrata que teníamos en el pasado. La segunda es la ausencia de participación, no ya en la deliberación y la vida políticas, sino también en la toma de decisiones en las grandes empresas. Un componente muy importante de lo que tengo en mente cuando hablo de socialismo participativo es que, al menos, un 50 por ciento del derecho a voto en las corporaciones empresariales esté en manos de los representantes de los trabajadores, aun cuando estos no tengan participaciones de capital. Además, el 50 por ciento restante de ese derecho, el de los accionistas, debería estar regulado de manera muy estricta, de tal modo que un único propietario de acciones nunca pudiera poseer más del 10 por ciento de cuota del voto en las grandes empresas. En la práctica, esa sería una forma de democratizar bastante radicalmente el proceso de toma de decisiones en las empresas.

La tercera gran limitación de la socialdemocracia en el siglo XX la encontramos en la dimensión transnacional. Y he ahí lo que más me interesa destacar, que es que históricamente los estados del bienestar se construyeron dentro del contexto de los estados nación del Norte global, obviando con arrogancia las desigualdades Norte-Sur y, lo que es aún más importante, el hecho de que la prosperidad del Norte jamás habría sido tal sin la existencia del Sur. En 1860, justo antes de la guerra de Secesión estadounidense, dos tercios del algodón que se usaba en las industrias de Reino Unido o de Francia procedían del sur de Estados Unidos, de plantaciones esclavistas. Y tras la desaparición de la esclavitud, pasó a proceder de Egipto. O de la India. No venía de Reino Unido ni de Francia. Y algo parecido ocurrió con el petróleo y los combustibles fósiles en el siglo XX, o con la extracción de minerales en la actualidad.

Se trata, pues, de un proceso de la división global del trabajo y de la explotación mundial de los recursos naturales y de la mano de obra, y es un proceso que ha enriquecido al Norte. Y esa es, con mucho, la limitación más importante de esa especie de capitalismo socialdemócrata y del bienestar que se desarrolló en el Norte en el siglo XX. Y es lo que tiene que cambiar en el futuro. De no hacerlo, la competencia

—y la competencia geopolítica de China en particular— representará, creo, una amenaza más seria todavía para los modelos occidentales de lo que lo fue la amenaza soviética en el siglo xx.

4

Globalización y populismo

SANDEL:

Me gustaría tratar la cuestión de la globalización tal como esta se ha venido produciendo desde la década de 1980. Tanto tú como yo hemos sido críticos con la hiperglobalización y con su insistencia en el libre flujo transfronterizo del capital, así como en la firma de acuerdos de libre comercio enmarcados en el proyecto globalizador neoliberal. Sin embargo, muchos de los que criticamos el flujo de capitales y bienes ilimitado y desregulado a través de las fronteras tendemos a estar a favor de unas políticas migratorias más generosas con el flujo transfronterizo de personas. Y desde la derecha moderada se tiende a criticar el aumento de los niveles de inmigración al tiempo que se apoya y se promueve el libre flujo de capitales y bienes. ¿Cuál de las dos partes está siendo incoherente aquí?

Piketty:

La verdad es que tu pregunta me hace pensar en mi reciente lectura de la nueva edición de tu libro *El descontento democrático*, publicado originalmente en 1996. Y quiero aprovechar para preguntarte por ese libro. Así que voy a darle la vuelta a tu pregunta, que me ha gustado mucho. Solo por resumir primero lo que he entendido de tu ensayo. En 2022 se publicó una nueva edición de *El descontento democrático*. Y en esta edición, en la introducción y sobre todo en el epílogo, dejas muy claro, como acabas de decir, que los excesos de la globalización y el hecho de que los gobiernos de centro-izquierda hayan apoyado en la práctica el libre comercio, la globalización, la financierización y también el auge de la ideología meritocrática —otro tema sobre el que querré preguntarte— contribuyeron al debilitamiento de la democracia y a que el Partido Republicano, en general, y Donald Trump, en particular, fueran consiguiendo poco a poco caracterizar a sus rivales, los demócratas, como el partido de los vencedores del mercado.

Históricamente, el Partido Demócrata, al igual que las formaciones socialdemócratas y laboristas en Europa, ha defendido los intereses de la clase trabajadora, la clase media baja, y recibía muy escaso apoyo de los electores situados en los niveles superiores de la escala de distribución de la renta y la riqueza. Esa situación se ha invertido en la actualidad y creo que, en vez de culpar a Trump y a los republicanos —que siempre es la vía fácil, desde luego—, los demócratas en Estados Unidos y otros partidos comparables en Europa harían mejor en fijarse en sus propios defectos. Y algo con lo que disfruté mucho al leer la nueva edición de *El descontento democrático* fue con la manera en que mostrabas que tanto en la era Clinton, de 1992 a 2000, como en la era Obama, de 2008 a 2016 —dos presidencias largas, de ocho años cada una, con sendos demócratas al frente—, se legitimó el punto de inflexión neoliberal representado por Reagan en la década de los ochenta. Digo «se legitimó» en el sentido de que esos gobiernos demócratas prosiguieron —aunque quizá esto sea algo en lo que tú no pones tanto énfasis como yo— con la demolición del sistema fiscal progresivo iniciada por Reagan en los ochenta. Ni Clinton ni Obama trataron realmente de ponerse en contra de eso. Y, para ser más específicos, ambas presidencias avanzaron muchísimo en la vía de la globalización y del libre comercio con el acuerdo del TLCAN (Tratado de Libre Comercio de América del Norte), la creación de la OMC, el ingreso de China en esta última organización, justo al término de la presidencia de Clinton, y, ya en tiempos de Obama, el Acuerdo Transpacífico (TPP), que, en 2016, al final de su presidencia, suscitó la oposición frontal tanto de Sanders como de Trump y que jamás llegó a entrar realmente en vigor.

Lo que me estás preguntando es si deberíamos ejercer un mayor control sobre el comercio, el capital, la mano de obra... Yo creo que hay que hacerlo en cierta medida y que, si no se controlan el libre comercio ni los flujos de capital, proliferarán las alternativas nativistas y nacionalistas promovidas por gente como Trump o los partidarios del Brexit en el Reino Unido, que dicen: «Tenemos que controlar los flujos de mano de obra». Pero creo que mi respuesta a esta cuestión es que aún deberíamos controlar mucho más los flujos comerciales y de capital. Es obvio que, ante el flujo de mano de obra, hay que tener unas reglas sobre cómo financiar la educación o la vivienda de las personas que van llegando. Es algo que hay que estudiar con detenimiento. Esas personas y sus familias no son como mercancías que transportamos sin más. Hay que tener en cuenta las condiciones sociales de la integración y hay que asegurarse de que se den las adecuadas. Pero, en última instancia, ese es un desafío que se puede afrontar si controlamos los flujos comerciales y de capital.

Creo que esa es la razón por la que deberíamos tener mucho cuidado de distinguir entre las diferentes respuestas que se quieren dar a los excesos de la globalización. Tenemos, por ejemplo, la respuesta de cariz nacionalista —nativista, antiinmigración— que encontramos en Trump, en Le Pen en mi propio país, etcétera. Pero también tenemos lo que, en Estados Unidos, fue la respuesta de Sanders, que me gusta llamar respuesta socialista democrática.

Y hay una pregunta que me ha suscitado la lectura tu obra —y tal vez un posible punto de desacuerdo entre tú y yo—, y que hace referencia a cómo usas el término «populista» para calificar esas dos respuestas diferentes a los excesos de la globalización. Desde luego, dejas muy claro que no se trata del mismo tipo de populismo en uno y otro caso, pero, aun así, utilizas el adjetivo «populista» en ambos, algo que yo no haría, porque pienso que, en fin, se corre un riesgo al hacerlo. Se trata de un término que, tal como yo lo entiendo, puede formar parte de cierta retórica empleada por muchas personas que pretenden situarse a sí mismas en el centro, pero que tienden a asociarse más que nada con los vencedores de la liberalización de los mercados y que quieren deslegitimar a todos sus adversarios diciendo: «Todos mis oponentes de izquierda o de derecha son populistas». Así que a mí me parece que usar el mismo término para ambos es un tanto arriesgado, pero quizá esta sea una perspectiva francesa o europea, y tal vez sea distinto en Estados Unidos.

Sandel:

¿Lo reservarías entonces para los populistas de derechas?

Piketty:

Es que yo no lo utilizaría, la verdad. Yo prefiero hablar de «ideología nacionalista», «ideología socialista», «ideología liberal». Pienso que el socialismo, el nacionalismo o el liberalismo son ideologías legítimas. Todas tienen algo que aportar a la mesa del diálogo democrático. Me parece que llamarlas «populistas» es, en general, una estrategia dirigida a deslegitimar algunos de esos grupos, o que, cuando menos, puede usarse con ese fin. Sé que no es así como tú quieres emplear el término, pero muchos sí lo hacen. Y, como decías, restringir los flujos de mano de obra es algo muy distinto de restringir los flujos de capital, por lo que, si todos los que se oponen a la globalización basada en el libre mercado son populistas, al final estamos mezclando cosas muy diferentes entre sí.

GLOBALIZACIÓN Y POPULISMO

SANDEL:

Muy bien, de acuerdo, permíteme entonces que aclare ciertas cosas. Para empezar, en el empleo del concepto «populismo» tal vez trasluzcan diferencias de matiz o de uso entre Europa y Estados Unidos. Pero la razón por la que lo utilizo para referirme tanto a Trump y a Marine Le Pen, por un lado, como a una figura como la de Bernie Sanders, por el otro, es que —por lo menos en la tradición estadounidense— el origen decimonónico del término «populista» viene de la alianza entre los obreros industriales y los agricultores para tratar de conquistar poder arrebatándoselo a la élite económica, asentada sobre todo en el noreste del país, que había controlado primero los ferrocarriles y, más tarde, las compañías petroleras. Aquel era un movimiento progresista, pese a que, ya entonces, incorporara elementos nativistas, antisemíticos y racistas. Así que esas dos corrientes —la de la representación del pueblo frente a los poderosos y la nativista— han estado presentes desde un principio. Pero, en los tiempos recientes, yo diría que el éxito del populismo de derecha, la veta nativista autoritaria, es un síntoma del fracaso de la política progresista o socialdemócrata.

Piketty:

En eso estamos de acuerdo.

Sandel:

Lo vimos en la crisis financiera de 2008, cuando primero una presidencia republicana y después otra demócrata, en pleno traspaso de poder de George W. Bush a Obama, acudieron al rescate de Wall Street. En aquel momento crítico, Obama podía haber optado por reestructurar la relación entre las finanzas y la economía, o por restituirla, y eligió lo segundo. Creo que ese fue un momento decisivo para su presidencia, porque supuso un alejamiento respecto a aquel idealismo cívico que él mismo había inspirado como candidato en 2008, no ya en Estados Unidos, sino en el mundo entero: me refiero a la esperanza y la expectativa de que aquello constituyese el comienzo de una forma nueva de hacer política. Y cuando asumió el cargo, justo después de que estallara la crisis financiera, nombró a los mismos economistas que habían formado parte de la Administración Clinton y habían desregulado el sector financiero. Los animó a que trataran de arreglar cosas y lo que hicieron fue rescatar a los bancos y abandonar a su suerte a los pequeños propietarios. Esto desató iras generalizadas a lo largo y ancho del espectro ideológico.

El propio Obama reconoció que el rescate era injusto. No lo defendió en nombre de la justicia. De hecho, declaró que le dolía rescatar a Wall Street, pero creía que era la única vía posible, dado el control que los mercados y las grandes entidades financieras tenían sobre la economía. Lo que él quería era salvar la economía. Esa era su lógica. Aunque lo hizo, según sus propias palabras, con un gran pesar.

El rescate de Wall Street a cargo del contribuyente proyectó una sombra sobre el resto de su presidencia. Frustró las elevadas esperanzas de reactivación de la política progresista y socialdemócrata que su candidatura había inspirado, y generó dos corrientes de protesta: desde la izquierda, el movimiento Occupy, seguido por el sorprendente éxito de la candidatura de Bernie Sanders en 2016 en competencia con Hillary Clinton; desde la derecha, el movimiento del Tea Party y, en última instancia, la victoria electoral de Donald Trump.

Esas dos corrientes brotaron de la rabia, la indignación y la sensación de injusticia provocadas por el rescate y la reconstrucción de Wall Street, por los que no se habían pedido cuentas a nadie. Así que, en cierto sentido, los políticos progresistas de centro-izquierda que llegaron al poder tras Reagan y Thatcher sentaron las bases para el subsiguiente surgimiento de la versión derechista del populismo —la de Trump en el caso estadounidense—. Allanaron el camino para su llegada, y por ello hay que atribuirles parte de la responsabilidad.

Esto me lleva de vuelta a lo que comentábamos antes sobre el atractivo de los mercados y del credo neoliberal. Cuando Ronald Reagan y Margaret Thatcher gobernaban, defendieron explícitamente el argumento de que el Estado era el problema y los mercados libres la solución. A ellos les sucedieron políticos y partidos de centro-izquierda —Bill Clinton en Estados Unidos, Tony Blair en Gran Bretaña, Gerhard Schröder en Alemania— que limaron un poco las aristas del capitalismo de *laissez faire* de los años de Reagan y Thatcher.

Sin embargo, no cuestionaron la premisa fundamental —la del triunfalismo del mercado—, que no era otra que la de que los mecanismos del mercado son los instrumentos fundamentales para definir y conseguir el bien público. Nunca la pusieron en duda. De ahí que, adoptando las políticas comerciales neoliberales y de desregulación de las finanzas durante la década de 1990 y principios de la de 2000, vinieran a poner en práctica aquel proyecto y abrazaran acríticamente la fe en el mercado. Así que, en realidad, nunca tuvimos un debate público sobre si los mercados sirven al bien común ni sobre cuál es el ámbito que les corresponde.

Pero tengo una corazonada. Voy a retomar la cuestión del discurso público crítico, más cargado de valores. A cierto nivel, los políticos tradicionales del centro-izquierda y el centro-derecha se vieron arrastrados al credo del mercado, en parte por la creencia de que los mercados producían una prosperidad creciente y, en parte también, por las aportaciones económicas que Wall Street hacía a sus campañas al promover ese tipo de políticas. Ahora bien, existe una razón más de fondo, creo, para ese atractivo inspirado por los mercados y sus mecanismos. Pienso que lo atractivo del credo del mercado durante este periodo, y puede que durante un periodo más largo incluso, ha residido en que los mercados parecen ofrecer una vía para librarnos —a nosotros, a los ciudadanos democráticos— de caóticos, conflictivos y controvertidos debates sobre cómo valorar los bienes y las contribuciones diversas que las personas aportan a la economía y al bien común. La fe en el mercado nacería, pues —o esa es mi corazonada, ahora me dirás tú si estás de acuerdo o no—, de cierta aspiración liberal a la neutralidad entre las diversas concepciones sustantivas de los valores y de la vida buena. La idea es la siguiente: vivimos en sociedades pluralistas; discrepamos sobre cómo valorar los bienes; discrepamos sobre la naturaleza de la vida buena; así que lo ideal sería poder recurrir a instrumentos que sean neutros, que nos ahorren la necesidad de tomar esas decisiones de manera explícita, porque no nos pondríamos de acuerdo. Ahora bien, como es evidente, los mercados no son instrumentos verdaderamente neutrales en cuanto a valores. Sabemos que no lo son. Pero la vana esperanza de que los mercados puedan librarnos de la necesidad de debatir y decidir acerca de cuestiones controvertidas relativas al bien común constituye una fuente muy profunda de la atracción que ejercen.

PIKETTY:

Estoy de acuerdo con eso. Pienso que, al final, eso es miedo a la democracia; es miedo a la deliberación democrática.

SANDEL:

Sí.

PIKETTY:

Y es un miedo a lo que, en mi libro *Capital e ideología*, he denominado el riesgo de abrir la caja de Pandora de la redistribución, pero también a la reevaluación de lo que hagamos. Se trata del temor a no saber dónde parar. Y, vale, tal vez no sepamos realmente dónde parar. Pero, al final, la mejor opción que tenemos de llegar a alguna parte es la de aceptar esta aspiración al autogobierno, que, como bien recuerdas en tu libro, se halla en el origen no solo de algunas de las más profundas aspiraciones del Estados Unidos decimonónico, sino también de la modernidad en general.

Déjame que incida un poco más en el término «populista». Quiero hacerlo porque tú has dicho muy certeramente que Clinton, Obama, Blair o Schröder no fueron capaces de cuestionar esa especie de nueva ideología neoliberal de Wall Street sobre la globalización, la financierización o la meritocracia. Coincido de lleno con ese diagnóstico. No fueron capaces de cuestionar ese conjunto de creencias, pero Bernie Sanders y, hasta cierto punto, Elizabeth Warren, también en 2020, sí pudieron hacerlo, al presentarse con un programa de socialismo democrático, como a mí me gusta llamarlo, porque va más allá incluso de lo que hizo Roosevelt en su día en términos de progresividad del sistema impositivo. Un programa que también implica un componente muy sustancial de aumento del poder de decisión de los trabajadores en las empresas, gracias a una fuerte representación de estos en los consejos de administración, y que también incluye una muy significativa estrategia de desmercantilización mediante el fomento de las universidades y la sanidad públicas. A mi entender, esto no constituye ninguna expresión de ira populista de ningún tipo.

Por eso, sigue desconcertándome un poco que quieras calificarlo de «populista». Comprendo la historia del término en Estados Unidos. Como has dicho, en el primer populismo de finales del siglo XIX y principios del XX se daba una incómoda mezcla de mensajes progresistas y nativistas. Yo, la verdad, no veo nada de eso en Bernie Sanders ni en Elizabeth Warren. Por eso estoy desconcertado. Llamarlos «populistas», creo yo, es conceder demasiado crédito a la forma en que los clintonianos y los blairistas quisieron mantener las distancias con quienes tenían más a su izquierda.

SANDEL:

Ya veo. Te preocupa que los políticos tradicionales usen el término como un insulto.

Piketty:

Sí. Y, al final, la postura a la que me refiero se parece mucho más al socialismo democrático, según yo lo entiendo, o a una socialdemocracia para el siglo XXI, si lo prefieres. Para mí, esta es una forma más precisa de describir lo que esos políticos defienden que llamarlo «populismo de izquierda».

Sandel:

Quizá aquí haya una diferencia de matiz en cuanto a su significado. El populismo no tiene que ver principalmente con la redistribución, aunque para Bernie Sanders y Elizabeth Warren sí tenga un sentido igualitarista. Hace referencia, sobre todo, a reclamar el poder de la élite para el pueblo. Y esto guarda cierta conexión con la desigualdad económica. Pero la veta populista, en la medida en que podemos diferenciarla de la veta socialdemócrata o socialista democrática, no está tan relacionada con la redistribución como con dar más poder, voz y representación al pueblo frente a los poderosos y con poner freno al poder de las grandes empresas en la economía.

PIKETTY:

Pero de eso se trata cuando se reclama poder, de que el representante de los trabajadores en el consejo de administración de una corporación tenga más poder para decidir. Y tanto Elizabeth Warren como Bernie Sanders han puesto sobre la mesa en el Congreso estadounidense una propuesta muy interesante para ampliar el derecho a voto de los representantes de los trabajadores muy en la línea de la tradición socialdemócrata.

SANDEL:

No deberíamos preocuparnos demasiado por esta cuestión, Thomas. Hay un solapamiento. Claramente hay un solapamiento.

PIKETTY:

Pero es el mismo término que se le aplica a Trump.

SANDEL:

Lo entiendo, y por eso no quieres usarlo.

5

Meritocracia

Piketty:

Sigo un poco preocupado por tu elección de términos. Pero, en cualquier caso, déjame que pase a la cuestión de la meritocracia, porque soy un gran admirador de tu libro *La tiranía del mérito*, donde pones de relieve la importancia de esa especie de religión o ideología del mérito que tanto ha prosperado en las últimas décadas. En tu análisis, la elevas a la categoría de tercer pilar de la era neoliberal, junto con la globalización y la financierización. Creo que le atribuyes la importancia que se merece. Así que quería preguntarte sobre esto y también, lo que quizá es más importante aún, sobre qué salidas ves a esta situación. En tu libro, llegas a defender la idea de una lotería para la admisión de estudiantes en universidades de la Ivy League que funcionaría más o menos así. Supongamos que tienes cien plazas para nuevos alumnos en los centros de la Ivy League. Tú pondrías un umbral mínimo de notas para seleccionar a los mil candidatos que estuvieran por encima de ese mínimo y luego asignarías por sorteo las plazas a un 10 por ciento de esos mil solicitantes.

Lo que me gusta de tu idea es que no quieres que las universidades hagan lo que les dé la gana. Si te entiendo bien, esto forma parte del ejercicio general de recuperación del control, un ejemplo de esa deliberación democrática con la que se deberían decidir las reglas del acceso a la enseñanza superior o a la sanidad. Estas son bienes fundamentales, y no podemos dejar sin más que los miembros de un patronato de Harvard decidan lo que les parezca. Por supuesto, habrá quienes digan: «Bueno, después de todo, es su universidad. Pueden hacer con ella lo que les plazca. Es normal que hagan lo que les dé la gana». Pero, para mí, eso es como decir: «Vale, es tu dinero. Puedes enviarlo a un paraíso fiscal y no pagar impuestos, porque, a fin de cuentas, el dinero es tuyo». Pues no, lo siento; el dinero no es tuyo. Procede del trabajo colectivo de millones de personas. Jamás podría haberse generado sin unas infraestructuras públicas o sin nuestro sistema jurídico y legal. No estás solo en el mundo y no puedes decir sin más: «Es mi dinero».

¿He interpretado bien tu propuesta concreta de lotería? Sin duda, puede haber más propuestas de esa índole. Este es solo un ejemplo de recuperación del control, entendida aquí como que ese tipo de reglas de admisión, tanto las de Harvard como las de las demás universidades punteras de Estados Unidos, deberían ser fijadas por medio de la deliberación democrática.

SANDEL:

Sí, en parte es eso, y en parte es otra cosa que se remonta a la cuestión del juicio moral, las actitudes y el reconocimiento. La meritocracia tiene dos grandes problemas. Antes de plantearlos, debería aclarar para empezar que, en general, el mérito es algo bueno. Si necesito que me intervengan quirúrgicamente, quiero que sea un especialista médico cualificado quien lo haga. El mérito es eso. Así pues, ¿cómo puede ser que el mérito termine convirtiéndose en una especie de tiranía? Lo cierto es que esto viene del periodo del que hemos estado hablando, desde los años ochenta hasta la actualidad. La fractura entre ganadores y perdedores no ha hecho más que ahondarse, lo que está envenenando nuestra política y separándonos. Esa fractura tiene que ver, en parte, con las crecientes desigualdades de riqueza y renta que ya hemos comentado. Pero no se trata solo de eso. También guarda relación con un cambio de actitudes ante el éxito, un cambio que ha acompañado a ese aumento de las desigualdades. Quienes han ido a parar a la cima de la escala social han acabado por convencerse de que su éxito es obra suya en exclusiva, una medida de sus méritos, y que, por consiguiente, se merecen la abundancia con la que el mercado les ha bendecido. Y, por ende, se piensa que quienes se han quedado rezagados, quienes pasan dificultades, también deben de merecerse su suerte. Pues bien, esta forma de entender el éxito nace de un ideal en apariencia atractivo: el principio meritocrático, que dice que, siempre y cuando todos gocen de las mismas oportunidades, los ganadores se merecen sus ganancias.

Pero, como decía, la meritocracia presenta dos problemas. Uno muy obvio es que no estamos a la altura de los principios meritocráticos que profesamos. Las oportunidades no son realmente iguales. Los hijos de padres pobres tienden a ser también pobres al llegar a la edad adulta. Las tasas de movilidad social ascendente son limitadas. Basta con tomar el ejemplo de las universidades de la Ivy League por el que me preguntabas. Sí, estas instituciones ofrecen unas generosas políticas de ayuda financiera al estudiante. Los alumnos de familias que ingresan menos de ochenta y cinco mil dólares anuales —o de cien mil, creo, en el caso de Stanford—

no pagan nada por la matrícula ni por el alojamiento y las comidas ni por los libros. Pese a eso, en esos centros hay más alumnos de familias del 1 por ciento más rico del país que de familias del 50 por ciento más pobre.

Así que es evidente que no somos una meritocracia perfecta. Pero supongamos que lo fuéramos. Supongamos que halláramos el modo de crear una verdadera y equitativa igualdad de oportunidades para el ingreso de alumnado en el sistema educativo y, ya puestos, para el acceso de las personas a la economía en general. Supongamos que pudiéramos hacer algo así. Si ese fuera el caso, con una meritocracia perfecta, ¿tendríamos una sociedad justa? Yo creo que no. Y no la tendríamos porque la meritocracia, incluso la más perfecta y consumada imaginable, tiene un lado oscuro: corroe el bien común. El motivo de tal corrosividad estriba en que fomenta que quienes tienen éxito lo vean como algo que han conseguido ellos mismos por su cuenta, y se embriagan con su propio éxito, se olvidan de la suerte y la buena fortuna que les ayudaron a llegar ahí, pierden de vista con qué o con quiénes tienen contraídas múltiples deudas morales, como, por ejemplo, como tú mismo has explicado, con aquellas personas o instituciones que hicieron posibles sus logros.

Michael Young, que fue quien acuñó el término «meritocracia», era muy consciente de esto. Para él la meritocracia no era un ideal, sino un peligro. Y el peligro era precisamente ese: su potencial para cultivar ciertas actitudes ante el éxito, tanto entre los ganadores como entre los perdedores, actitudes que nos alejan a los unos de los otros. La meritocracia cultivaría la arrogancia entre los vencedores y la humillación entre quienes se quedaran atrás, a quienes se les diría (y tal vez se les convencería de ello) que su fracaso, sus problemas, son culpa suya y de nadie más. Esto puede ayudarnos a entender cómo es que nuestras propias sociedades se han polarizado tanto en las últimas décadas. A medida que la desigualdad se acentuaba y los trabajadores se enfrentaban al estancamiento salarial y a la pérdida de empleo, los políticos de los partidos tradicionales de centro-izquierda y centro-derecha les daban consejos vigorizantes del tipo: «Si quieres competir y vencer en la economía global, ve a la universidad. Lo que ganes dependerá de lo que estudies. Si te esfuerzas, lo conseguirás».

Lo que esas élites pasaron por alto fue la afrenta implícita en sus palabras, un agravio que podríamos resumir así: «Si no te sacaste una carrera, si no tienes un título universitario y estás pasando dificultades con la nueva economía, tu fracaso es seguramente culpa tuya. No hiciste lo que te dijimos que hicieras. El problema —vienen a decir, en la práctica— no son las políticas económicas que pusimos en marcha. El problema es que no te perfeccionaste a ti mismo tal como te recomendamos». No es de extrañar, pues, que mucha gente trabajadora sin estudios universitarios estuviese muy enfadada. Su rabia se dirigió especialmente contra los partidos tradicionales de centro-izquierda, que respondieron a la desigualdad con lo que yo llamo «la retórica del ascenso» social, exhortando a quienes se quedaban rezagados a mejorarse a sí mismos sacándose una carrera. Eso hicieron el Partido Demócrata en Estados Unidos, el Partido Laborista en Reino Unido, el Partido Socialista en Francia... formaciones que demostraron estar más identificadas con los valores, los intereses y el punto de vista de las clases de los profesionales titulados y con un alto nivel educativo que con los del electorado de clase obrera, que antaño constituía su base principal. No cabe extrañarse, pues, de que el propio electorado tradicional de esos partidos reaccionara de manera adversa contra ellos. Fue una consecuencia, en mi opinión, de que las nociones meritocráticas del éxito terminasen convirtiéndose en compañeras morales de la globalización neoliberal.

Piketty:

Sí, creo que tienes toda la razón, o, por lo menos, yo estoy plenamente de acuerdo con el diagnóstico según el cual lo que distingue y hace tan brutal a la ideología contemporánea de la desigualdad es ese modo que tiene de ensalzar a los ganadores y culpar a los perdedores de su propia mala suerte, algo que no encontramos en los regímenes de desigualdad más antiguos. En esos regímenes del pasado, la desigualdad podía ser muy brutal, pero se tenía la sensación de que existía una especie de complementariedad entre los diferentes grupos sociales. Había nobles y guerreros; otros eran obreros y campesinos, y eso no les hacía necesariamente estúpidos. Se entendía que todos esos diferentes grupos eran necesarios. No pretendo hacer apología de aquellos regímenes de desigualdad, pero lo cierto es que, al menos, la gente no trataba de hacer creer a nadie que los pobres se merecieran su pobreza y que los ricos se merecieran su riqueza. Esto último es bastante exclusivo, creo, del régimen de desigualdad actual. Somete a mucha presión a las personas y tiene unas consecuencias concretas en la salud mental, además de provocar múltiples patologías más. Vemos que esto está generando presión para todos los sectores de la sociedad, especialmente para los grupos pobres, pero también para los hijos e hijas de los grupos de clase alta, a quienes se presiona —y de qué manera— para triunfar. Así que pienso que has dado en la diana con tu argumento. Pero, volviendo a la cuestión que he planteado, porque siempre trato de ir a las soluciones, me pregunto si tú apoyarías una legislación federal (o quizá estatal, en Massachusetts) que prohibiera las admisiones de alumnado «heredado» o de estudiantes hijos de patrocinadores, y que instaurara unas directrices para la política de ingresos de nuevos alumnos en universidades como Harvard u otras de la Ivy League.

Sandel:

Me parece bien. Por responder directamente a tu pregunta: creo que Harvard y otras universidades privadas de élite deberían prescindir de esas admisiones por herencia familiar.

Piketty:

Pero ¿deberíamos obligarlas a que lo hicieran o debemos limitarnos a esperar a que lo hagan?

Sandel:

Creo que deberíamos comenzar generando sobre ellas una presión pública y moral para que lo hagan. Y pienso que la probabilidad de que se logre el objetivo es muy alta, en parte porque el Tribunal Supremo estadounidense ya ha derogado la discriminación positiva a favor de las minorías raciales en el acceso a la universidad. Y esa «acción afirmativa» era de algún modo la compensación que se ofrecía a cambio. Sin embargo, ahora que ya no es posible tomar en consideración la raza o la etnia de los candidatos, va a ser muy difícil que esas universidades digan: «Pero podemos tener en cuenta si tus padres estudiaron aquí».

Piketty:

Todavía lo hacen.

Sandel:

Sí, lo hacen, pero algunas han comenzado a cambiar. La Johns Hopkins ya lo ha rechazado.

Piketty:

¿Están dispuestas a renunciar a la posibilidad de admitir a los hijos de donantes ricos?

Sandel:

Bueno, habrá que ver. Creo que deberíamos esforzarnos para que así sea. Una forma de dar un primer paso para incentivar ese cambio mediante algún tipo de acción gubernamental fue la que planteó Ted Kennedy, quien, pese a ser un exalumno de Harvard, presentó una propuesta legislativa para obligar a estas universidades a hacer público el porcentaje de admisiones de los hijos de exalumnos que entran en ellas «por herencia» con respecto al total de solicitantes.

Piketty:

La transparencia me parece importante, pero cuando observo esto desde la distancia, desde el otro lado del océano, tengo la sensación de que debería actuarse de un modo algo más radical. Yo creo que deberíamos obligar a que las universidades tuviesen las mismas normas de admisión para todos los candidatos y las candidatas, o a que, en todo caso, previeran unas mayores probabilidades de admisión para candidatos procedentes de entornos de bajos ingresos, más que de entornos raciales concretos, o a que, cuando menos, aplicaran unos criterios más universales que los meramente raciales, y que no dispensaran trato especial alguno a los hijos e hijas de donantes ricos. Me parece un poco una locura que nos hayamos acostumbrado al estado actual de las cosas. Antes mencioné el caso de la China tardoimperial, donde funcionaba un sistema parecido que, sin embargo, fue sustituido más tarde por el de la China comunista. Así que me preocupa un poco que en Estados Unidos la población se haya acostumbrado a unas reglas del juego que parecen equivocadas.

Sandel:

Estoy de acuerdo. Deberíamos librarnos de ellas. Y la pregunta es cómo lo hacemos exactamente. Pero, desde luego, las universidades deberían prescindir de ellas y se las debería presionar para que dejaran de aplicarlas.

6

Loterías: ¿deberíamos reservarles un papel en la admisión de alumnado universitario y en la selección de parlamentarios?

SANDEL:

Quiero centrarme en tu pregunta de antes sobre la lotería. Me gustaría subrayar primero que lo que yo propongo es un sorteo entre personas cualificadas para el ingreso. En sitios como Harvard o Stanford, se reciben unas sesenta mil solicitudes anuales de ingreso de nuevos estudiantes y se acaba admitiendo a menos de dos mil. Un buen número de esos solicitantes están sobradamente cualificados para hacer el trabajo que se pide en esos centros y para hacerlo bien, así como para contribuir a la formación de sus compañeros de clase. Mi propuesta, pues, es que el comité de admisiones debería determinar en primer lugar quiénes están cualificados para progresar y aprovechar la educación que se da en las universidades punteras. Y entre esos estudiantes capacitados —que podrían ser, a lo mejor, los veinticinco mil o treinta mil mejores de los sesenta mil solicitantes— se sortearían las dos mil plazas disponibles para ese año.

La razón de esta propuesta no reside tanto en la necesidad de aumentar la diversidad de orígenes de clase por niveles de renta. Claro que esto también es importante. Lo es tanto que creo que tal vez debería haber algún tipo de discriminación positiva y que, aun en el caso de que sus puntuaciones en las pruebas de acceso no fuesen tan buenas como las de otros solicitantes, habría que ayudar más a quienes sean la primera generación de su familia en ir a la universidad o a quienes procedan de entornos de bajos niveles de renta. Eso es algo que se podría hacer con independencia del sistema de lotería y que yo apoyaría. Con todo, la razón principal de una lotería como la que propongo estriba, más bien, en la necesidad de cambiar el significado de la admisión y transformar las actitudes ante el ganar y el perder que el enloquecido sistema de ingreso en las universidades propicia en la actualidad. Serviría para recordar a quienes sean admitidos en estas algo que ya es así en el sistema actual: que la selección de nuevos alumnos tiene mucho de suerte. También recordaría eso mismo a quienes no consigan ser admitidos. Se trata de una manera de comenzar a cuestionar o a rebajar la soberbia de los ganadores… y la sensación de derrota y de desmoralización de quienes salen perdiendo.

Ese no es más que un pequeño ámbito de la vida social, pero también podría valorarse la utilidad de mecanismos de este tipo en otros terrenos, como, por ejemplo, la reforma del sistema de gobierno representativo o parlamentario, sobre todo en países donde este se compone de dos cámaras. Se podría reformar un legislativo o parlamento bicameral de tal modo que una de las cámaras estuviera formada por representantes elegidos por el electorado y la otra, en vez de ser una cámara como la de los Lores británica o el Senado estadounidense (en el que los estados pequeños están exageradamente sobrerrepresentados), fuese un órgano formado por ciudadanos elegidos por sorteo. Es una idea que se remonta a los tiempos de la democracia en la Grecia antigua. También podríamos compararla con el sistema de selección de los jurados, que se forman mediante sorteo. Y si los jurados pueden decidir sobre la culpabilidad o la inocencia de los acusados, ¿por qué no pueden deliberar sobre el bien común en paralelo a una cámara representativa?

Esto podría servir para disminuir la enorme influencia que el dinero tiene en las campañas electorales, y también para facilitar un mínimo de rotación en los cargos políticos. Asimismo, contrarrestaría el prejuicio credencialista a que ha dado pie la actual era de la meritocracia. La mayoría de los ciudadanos de las democracias de todo el mundo no tiene un título universitario. En Estados Unidos, son aproximadamente un 38 por ciento los que poseen una licenciatura de cuatro cursos. O sea que dos tercios no la tienen. Y, en Reino Unido, más o menos un 70 por ciento carecen de titulación universitaria. Y, sin embargo, ¿en qué proporción están representadas estas personas en sus parlamentos? En solo un diminuto, minúsculo, porcentaje de entre el 5 y el 10 por ciento. La consecuencia es que hay muy pocos parlamentarios de clase trabajadora en las democracias occidentales. ¿De verdad es representativo esto? Lo aceptamos y no es algo sobre lo que haya mucho debate. Lo habría, por ejemplo, si hubiera una infrarrepresentación exagerada de las mujeres en el Congreso, en la Asamblea Nacional o en los parlamentos de otras democracias europeas. Hemos avanzado mucho en que haya más mujeres en los sistemas de gobierno representativo. Así que ¿por qué aceptamos con tanta facilidad y con tan poco debate que las personas sin carreras universitarias apenas tengan presencia en los parlamentos? Una manera de avanzar en esto podría ser esta idea de constituir dos cámaras diferenciadas. Tendríamos una elegida en las urnas, con las debidas restricciones en cuanto a financiación electoral, y otra cuyos miembros rotarían por sorteo.

P𝗜𝗞𝗘𝗧𝗧𝗬:

Piketty:

Me parece muy interesante, pero, en ambos casos, me pregunto si no podríamos encontrar un método mejor que el de los sorteos. Déjame que aborde los dos temas por separado: primero, el del acceso a las universidades, y, luego, el del cambio de la composición social de los parlamentos. En el caso de la admisión de nuevos alumnos en centros universitarios, quisiera comparar tu propuesta de elección por lotería, entre un conjunto de solicitantes que cumplan con las mínimas cualificaciones requeridas, con otra que mencionas en tu libro y que ha planteado Daniel Markovits, profesor de Derecho de Yale, quien básicamente les diría lo siguiente a las instituciones de la Ivy League: «Haced lo que queráis, pero, al final del proceso, quiero que al menos una mitad de vuestro alumnado proceda de los dos tercios más pobres de la población del país en términos de renta familiar. Haced lo que queráis para rediseñar vuestro sistema de acceso: reducid la puntuación necesaria para la admisión de estudiantes de renta baja o cualquier otra cosa. Pero esa es una condición mínima y, si no la cumplís, se os sancionará». Él aludía en concreto a la posibilidad de retirarles la condición de entidades exentas de impuestos. Pero pienso que aún se podría hacer mucho más para presionarlas, pues se les podría insistir en que cumplir con esa condición forma parte de sus obligaciones como reguladoras del acceso a un bien fundamental como es la educación superior.

La duda que me deja tu sistema de loterías, al menos tal como lo has diseñado, es que, a efectos de ensanchar el acceso social a Harvard, no tenga una repercusión tan espectacular como el que propone Daniel Markovits. Has mencionado antes algunos datos estadísticos que muestran que, ahora mismo, hay más estudiantes en Harvard procedentes del 1 por ciento más rico de la población que de todo el 50 por ciento más pobre. Yo diría que esos datos son así en Harvard, pero también en Stanford, Yale, etcétera. ¿Tú prevés que eso cambiaría con tu propuesta? ¿Cuánto lo haría en comparación con una propuesta como la de Markovits, que no requiere por fuerza de un sorteo, pero que, en última instancia, resulta potencialmente más ambiciosa?

LOTERÍAS

Sandel:

A ver, yo creo que aquí se buscan dos objetivos. Uno —del que estoy muy a favor— es el de cambiar la composición de las promociones de estudiantes de las universidades de élite, a fin de que haya en ellas más alumnado de familias de niveles bajos de renta. Y eso puede hacerse o bien poniendo como condición a esas instituciones que consigan un cierto porcentaje de alumnado de familias de rentas bajas para no perder sus exenciones fiscales, o bien haciendo que apliquen diversos tipos de políticas de discriminación positiva a favor de estudiantes que provengan de entornos de bajos niveles de renta o que representen la primera generación de universitarios en sus familias. El objetivo de cambiar la composición de las promociones de alumnos es lo bastante importante en sí mismo como para fomentar un acceso más equitativo. La propuesta de selección por sorteo puede ayudar un poco en ese sentido, pero es probable que ese recurso no baste por sí solo para incrementar el número de alumnado de familias con bajo nivel de renta. De ahí que sean necesarios dos mecanismos diferentes. La propuesta de una lotería tiene una finalidad un tanto aparte. Se orienta más bien a un segundo objetivo, que es el de tratar de disminuir la arrogancia meritocrática relacionada con el actual sistema de admisiones e, incluso, reducir en cierta medida la intensa presión a que están sometidos muchos jóvenes durante la adolescencia por parte de sus familias, que se esfuerzan por prepararlos para competir, lo que les genera una gran ansiedad. Sirve en parte, pues, para aliviar esa presión, para atenuar la impresión de que solo de ti depende hasta dónde llegues. Así que una lotería y un plan como el de Markovits persiguen finalidades diferentes y, en mi opinión, deberíamos considerar ambos mecanismos.

Piketty:

¿Cómo combinaríamos la lotería con un plan como el de Markovits?

Sandel:

Bueno, hay unas cuantas formas de hacerlo. Se podría fijar un determinado porcentaje del alumnado de entornos de renta baja que se desea en cada promoción y admitirlo directamente, y aparte realizar el sorteo. Esta sería una forma. También se podría proceder a la lotería dando boletos adicionales, por así decirlo, a aquellos solicitantes que provengan de familias con bajo nivel de renta.

Piketty:

En cuanto a los parlamentos, tengo la misma duda, que es la de que existan otros mecanismos a los que tal vez se podría recurrir en conjunción con las loterías, o tal vez podrían emplearse como alternativas y producir resultados igual de ambiciosos o más. Déjame que te ponga un ejemplo. Digamos que estamos en una sociedad en la que, actualmente, el 50 por ciento de la población no tiene titulación universitaria, pero que solo un 5 por ciento de los congresistas pertenecen a ese grupo. Si recurres a un sorteo general entre la población para seleccionar a los miembros de la segunda cámara, al final el 50 por ciento de estos carecerán de título universitario. Esa sería una manera de mejorar lo que a veces se ha denominado «representación descriptiva».

Sin embargo, hay otro modo de conseguirlo. Y aquí recojo algunas propuestas que ha hecho alguien a quien conozco bien, Julia Cagé. En esencia, ella dice que se podría obligar a cada partido a presentar unos candidatos representativos en cada circunscripción. Si uno de los grupos ante los que te quieres presentar supone el 50 por ciento de la población, el 50 por ciento de tus candidatos tendrán que pertenecer a ese grupo. Y como no queremos que los partidos sitúen a esos candidatos tan solo en circunscripciones donde no tienen ninguna posibilidad de vencer, les dejaríamos muy claro que se enfrentarán a importantes penalizaciones económicas para los partidos si, al final del proceso, los diputados procedentes de esa clase de la población no llegan al 50 por ciento de su grupo parlamentario.

Esto no es solo la elucubración teórica de unos científicos sociales. En un país tan «pequeño» como la India, con una población de mil cuatrocientos millones de habitantes y un electorado compuesto por más personas que todas las que viven en el conjunto del mundo occidental, lleva usándose desde 1950 un sistema por el que se seleccionan por sorteo el 25 por ciento de las circunscripciones. Y en ese 25 por ciento, todos los partidos están obligados a presentar candidatos de las castas o las tribus prescritas por ley, que han coincidido históricamente con el 25 por ciento de la población de clase más baja en la sociedad india. No es exactamente, pues, el mecanismo que he explicado antes, pero pone de manifiesto que ya se ha hecho algo parecido. La ventaja de una solución de este tipo en comparación con tu sistema de loterías es que se combinan los beneficios de la representación descriptiva con los de las elecciones. Todo aquel que pueda terminar siendo parlamentario habrá tenido que ser candidato antes; habrá tenido que mostrar en las campañas electorales y en los debates colectivos qué ideas defiende. ¿Prefieres un sistema de loterías a este otro?

Sandel:

Creo que esa es otra propuesta interesante y con la que sintonizo. Funciona mejor en sistemas donde los partidos presentan listas de candidatos.

Piketty:

No, no, en la India tienen un sistema de circunscripciones uninominales. Es el mismo sistema electoral que hay en Estados Unidos o en Reino Unido. Funciona así: digamos que hay quinientos distritos electorales. Se seleccionan al azar un 25 por ciento de estos y salen cien en los que todos los partidos, ya sean el del Congreso, el BJP o el Partido Comunista, pueden poner al candidato que quieran siempre y cuando pertenezca a la casta o la tribu prevista por ley.

De ese modo, gane quien gane será un miembro de esos grupos. Por lo tanto, en el parlamento, por definición, habrá al menos un 25 por ciento de miembros del grupo al que se busca favorecer.

Sandel:

Eso es interesante. Estoy abierto a probar diferentes formas de hacerlo, y luego tendríamos que estudiar sus respectivos efectos y resultados, pero creo que deberíamos mantener un debate público más sólido sobre cómo mejorar la composición social, educativa y de clase de los parlamentos. Y pienso que todas estas ideas son dignas de consideración.

Piketty:

O sea que no estás específicamente a favor de las loterías nada más.

Sandel:

Correcto, y aunque tampoco soy lo bastante experto como para saber cómo funcionarían esas diferentes ideas en distintos sistemas políticos, creo que deberíamos incorporarlas al orden del día del debate político.

Piketty:

Otro aspecto que considero importante en este debate sobre la meritocracia es uno que ya hemos mencionado aquí y que se centra en la cuestión de la dignidad. Algo que tú subrayas de forma reiterada y convincente en tu trabajo es que el sistema universitario en Estados Unidos y, en mayor o menor grado, en el conjunto del mundo, se ha convertido en una especie de gigantesca máquina de clasificación u ordenación de la población joven. Esto genera muchísimo sufrimiento. Entonces, ¿cómo salimos de un sistema así, aparte de empleando el mecanismo de loterías del que hablábamos, que no va a resolver esta otra parte más amplia del problema?

Sandel:

Cierto. Para la parte más amplia del problema yo creo que, antes de nada, debemos desplazar los términos del discurso político. Tenemos que centrarnos menos en cómo armar a las personas para la competencia meritocrática y más en cómo afirmar la dignidad del trabajo, en cómo hacer la vida mejor para quienes contribuyen a la economía y al bien común —a través de la labor que realizan, de las familias que forman y de las comunidades en las que prestan servicio—, tanto si tienen una carrera universitaria como si no. Son varias las propuestas que podrían debatirse. Es muy posible que la gente de izquierdas no esté de acuerdo con la de derechas sobre qué se entiende por dignidad del trabajo y cómo fomentarla. Pero sobre eso precisamente deberíamos debatir, en vez de centrarnos tanto en armar a las personas para una lucha competitiva por ascender por la escalera del éxito sin darnos cuenta de que sus escalones se están haciendo cada vez más altos y separados entre sí.

Una de las fuentes de alimentación más potentes de la reacción contra las élites —algo que vimos en el apoyo electoral a Trump y también a otras figuras similares en Europa— es la sensación que se ha extendido entre mucha gente trabajadora y entre muchas personas sin titulación universitaria de que desde la élite se las mira por encima del hombro, de que no se valora el trabajo que hacen. Esto tiene que ver en parte con el énfasis que —tal como ya hemos comentado— se ha hecho desde los partidos tradicionales en afrontar la desigualdad a través de la movilidad ascendente individual por la vía del acceso a la enseñanza superior. Así que deberíamos comenzar reconociendo que esta movilidad no es una respuesta adecuada a la desigualdad. Y también deberíamos tomarnos en serio —sobre todo los que somos muy críticos con figuras como Donald Trump o Marine Le Pen— los legítimos agravios con los que las personas trabajadoras y las que no tienen estudios universitarios se sienten afrentadas por la élite de los titulados. Esto último no es algo que resulte fácil desde el punto de vista político, en parte porque siempre es más sencillo echarles la culpa a figuras como Trump —y al racismo, la misoginia y la xenofobia a las que él apela— que preguntarse cómo el proyecto tradicional de la política progresista en décadas recientes ha contribuido a crear ese legítimo descontento de las personas trabajadoras y las que carecen de formación universitaria.

Te pondré un ejemplo. Isabel Sawhill, una economista de la Institución Brookings, llevó a cabo hace unos años un estudio sobre la cantidad que el Gobierno federal gasta en Estados Unidos para ayudar a que las personas vayan a la universidad por medio de becas, préstamos y desgravaciones fiscales. El total resultante era de 162.000 millones de dólares anuales, cuando el gasto federal en apoyo a la formación profesional y técnica es de solo de mil cien millones de dólares al año. Son 162.000 millones frente a poco más de mil millones. Lo que eso refleja es el prejuicio credencialista y meritocrático de quienes diseñan esas políticas. No solo es injusto desde el ya comentado punto de vista de la justicia distributiva, sino que también transmite una impresión de falta de respeto hacia el tipo de labores que desempeña la clase trabajadora. Y esta falta de respeto y de reconocimiento se ve exacerbada, a su vez, por las desmedidas remuneraciones que reciben quienes trabajan en el sector financiero. ¿Por qué debería cobrar el gestor de un fondo de inversión cinco mil veces más que un maestro o un enfermero, o incluso que un médico? No parece justo y está fuera de toda proporción con el valor de lo que un enfermero, un médico o un maestro contribuyen. Esto nos lleva de vuelta a la cuestión del valor, la valoración y la reevaluación de las contribuciones sociales. Pero supone también, más allá de la injusticia, una especie de ofensa. Es una ofensa colectiva que infligen nuestras sociedades, de manera implícita al menos, a las personas que «trabajan» —en el sentido familiar del concepto de «trabajo»—, tanto si son cuidadores, electricistas o fontaneros. ¿Por qué no invertimos en su educación y su formación en la medida en que lo hacemos en las de aquellos que terminarán incorporándose a la clase de los profesionales con formación universitaria? ¿Y por qué no valoramos su trabajo? De hecho, recuerdo que un equipo de sociólogos hizo una encuesta en torno a los diversos prejuicios que pesan sobre las minorías desfavorecidas. Proporcionaron a las personas encuestadas, primero en Europa y luego en Estados Unidos, una lista de minorías que ya de por sí suelen padecer discriminación. Y de estas, el grupo más discriminado en última instancia por los encuestados fue el de las personas con bajo nivel educativo.

Así pues, el credencialismo sería, por así decirlo, el último de los prejuicios que nos resultan aceptables. No digo que hayamos desterrado ya otras formas de prejuicio —ni mucho menos—, sino que este es uno que la gente todavía acepta casi sin rubor alguno y sin pensar. Creo, pues, que la dignidad del trabajo es un asunto importante. Lo es para la recuperación de la política socialdemócrata, porque representa una manera de reconocer que el problema no es de una simple falta de equidad que se pueda resolver por medio de la redistribución, sino que es también de una ausencia de reconocimiento, de honores y de estima que no se dispensan como es debido a las personas que, aun sin tener título universitario, realizan aportaciones valiosas al bien común.

7

Impuestos, solidaridad y comunidad

PIKETTY:

Me gusta este ejemplo de la absoluta desproporción entre la atención pública que reciben los currículos de formación profesional y técnica y el tiempo que dedicamos a reconocer al pequeño grupo de los que acceden a la Ivy League. Y me gusta eso que dices sobre el mito de que si te esfuerzas lo suficiente, triunfarás. Nadie habla tampoco de la inmensa mayoría de universidades y otros centros públicos de enseñanza superior, ni de las escuelas de formación profesional y técnica, que no reciben recursos adecuados. Quisiera dejar muy claro que este tipo de hipocresía causa un fuerte malestar en una parte muy importante de la población, y no solo en Estados Unidos, donde tenéis mucha desigualdad en el acceso a la educación superior, sino también en países como el mío, en Francia, donde se supone que contamos con un sistema de estudios superiores financiado por el Estado, pero en el que, a veces, se dedica el triple o el cuádruple de recursos por alumno a las escuelas de élite que a una universidad normal o a los centros de postsecundaria con estudios de dos cursos. Eso es algo que no solo resulta injusto, sino que ciertamente pone en cuestión la dignidad de la persona.

Quiero recalcar que la solución a esto debe pasar por un incremento cuantitativo de los recursos que dedicamos a la enseñanza superior. Es importante que llegue un momento en el que quede muy claro que, si queremos abordar la necesidad creciente de la atención sanitaria, los hospitales y la educación superior, veamos que sencillamente no será posible si seguimos dedicando a ello todo el tiempo un mismo porcentaje estable de la renta nacional. Justamente esa es la contradicción en la que, al final, hemos caído en las últimas décadas. En algún momento tendremos que aceptar la idea de que la proporción de la renta nacional que gastamos en esos servicios públicos y bienes fundamentales tendrá que seguir creciendo, pero ¿hasta dónde se incrementará ese desembolso? Si tomamos como referencia a los países europeos, antes de la Primera Guerra Mundial ingresaban en impuestos menos del 10 por ciento de la renta nacional. Hoy recaudan el 50 por ciento. ¿Tendrá que aumentar hasta el 60, el 70 o el 80? No lo sé. Pero tiene que aumentar.

Si a los europeos de cien años atrás les hubiéramos dicho que la recaudación tributaria llegaría hasta el 50 por ciento de la renta nacional, seguramente habrían dicho: «¡Oh, pero eso es comunismo! ¡El cielo se desmoronará sobre nuestras cabezas, la economía se vendrá abajo, el orden social se volatilizará!». Y, al final, ese es el porcentaje al que se ha llegado, y ha sido un enorme éxito histórico. Así que creo que no deberíamos dejarnos desmoralizar por quienes hoy parecen saber de antemano que ese porcentaje se quedará congelado para siempre. Lo cierto es que no se congelará. Si no mejoramos los servicios por medios públicos, se dedicarán más recursos privados a la sanidad: basta con mirar el caso de Estados Unidos. También se dedicarán más recursos privados a la investigación, pero en Google, Microsoft u otras empresas por el estilo. Y se dedicarán más recursos a la educación… en universidades privadas. Se generará mucha desigualdad. Y, en ciertos casos, esto destruirá parte de la motivación extrínseca a la que nos referíamos anteriormente. O sea que, desde cualquier punto de vista desde el que se mire, no será bueno. La alternativa es que aceptemos la idea del aumento de los recursos públicos, una idea que se acompaña del compromiso con un sistema fiscal más equitativo y con el retorno de una fuerte progresividad de los impuestos, tanto sobre la renta como sobre la riqueza. Todas estas son dificultades que se pueden superar, pero eso solo será posible si somos conscientes de la magnitud de la tarea que se nos presenta.

Esto me recuerda que quería formularte otra pregunta y presionarte un poco más. Si valoramos la dignidad y queremos que esta regrese a la sociedad en forma de sensación más extendida, creo que tenemos que comprimir sensiblemente la escala de los salarios, de las rentas. No digo que debamos tener una igualdad absoluta de uno a uno entre todos los salarios, pero sí pienso que una diferencia máxima de uno a cinco es suficiente. Podría extenderme mucho más sobre este tema, pero, en cualquier caso, esta es mi interpretación de los datos históricos comparativos disponibles. Tal vez habrá quienes digan que podría admitirse una diferencia de uno a diez. Vale. Pero cuando la diferencia entre la base y la cima de la escala es de uno a cincuenta, de uno a cien o de uno a doscientos, la cosa ya no va solo de dinero. Se convierte, en el fondo, en una cuestión de dignidad, porque significa que puedes comprar el tiempo de otras personas y eso tiene unas consecuencias muy concretas. Tú puedes gastarte entonces solo una pequeña parte de tu renta en dictarles a otros u otras lo que van a hacer con su tiempo. O sea, que el conjunto de las relaciones sociales se ve muy negativamente influido por esas enormes brechas retributivas. Yo creo que deberíamos implantar topes salariales —y salarios mínimos interprofesionales, por supuesto—, pero también deberíamos recuperar un sistema impositivo muy progresivo. Es como gravar la contaminación: por encima de un determinado nivel, interesa poner tipos impositivos del 80 o del 90 por ciento. Así ocurrió en Estados Unidos durante medio siglo. Y mi lectura de los datos históricos, y esto es algo a lo que he dedicado mucho tiempo, es que, de hecho, aquello funcionó muy bien.

Se me plantean también dudas sobre la implicación de los científicos sociales, y también de los filósofos, en esta batalla intelectual. Y es en ese terreno donde me gustaría lanzarte un desafío. Siempre me ha desconcertado la *Teoría de la justicia* de John Rawls, escrita en 1971, y sé que tú has sido crítico con él. Escribió el libro, repito, en 1971, cuando aún duraba el episodio histórico prolongado de progresividad fiscal fuerte en Estados Unidos que acabo de mencionar, aunque ya estaba a punto de terminar. Ya por entonces se oían desde el flanco derecho del pensamiento político y económico las voces de autores como Hayek, Nozick o Milton Friedman, que tenían muy claro lo que querían hacer: demoler el sistema impositivo progresivo por completo. No paraban de hablar de eso. Y, desde luego, terminaron saliéndose con la suya en la década de los ochenta.

Comparemos a John Rawls con ellos. Él estaba más o menos a favor de la progresividad fiscal, aunque nunca se posicionó al respecto de un modo absolutamente explícito. Puedes leerte su libro entero y no verás una sola mención al hecho de que, desde los años cuarenta hasta los sesenta, en Estados Unidos hubo tipos impositivos marginales máximos de entre el 80 y el 90 por ciento. Así que podemos suponer que estaba a favor de eso pero omitió decirlo. Y me pregunto si esa falta de ganas de implicarse en una pugna política por cuestiones concretas como esa terminó por no ser tan positiva a fin de cuentas. La derecha intelectual estaba luchando por demoler la fiscalidad progresiva, pero la izquierda intelectual no mostraba un afán parecido por defenderla. Desde mi punto de vista, esto explica en parte por qué los conservadores ganaron la batalla.

Cuando hoy leo a Michael Sandel, treinta o cuarenta años después de John Rawls, veo unas ganas mucho mayores por entrar en la batalla por la globalización. Y en tu nuevo epílogo a *El descontento democrático*, lo que dices sobre las presidencias de Clinton y de Obama está mucho más fundamentado en la historia que lo que escribía John Rawls. Pero tampoco tú te posicionas sobre la progresividad fiscal o sobre otras políticas concretas como a mí me gustaría que lo hiciera un filósofo. Así que voy a interpelarte directamente: si queremos que se le reconozca una mayor dignidad al trabajo, ¿no deberíamos comprimir muy contundentemente la escala de las rentas y de los salarios? Y para ganar esta batalla intelectual, ¿no tendríamos que contar con la ayuda de filósofos como tú?

Sandel:

Oh, vaya, ese sí que es un desafío: me refiero al hecho de tener que responder en nombre de los filósofos en general, nada menos, además de en el mío propio. Primero, en nombre de los filósofos, permíteme unas palabras (unas palabras matizadas) en defensa de John Rawls, a quien, como bien dices, he criticado. Pienso que, con la idea rawlsiana del principio de diferencia (que exige ayudar a los miembros menos favorecidos de la sociedad) es posible justificar un sistema impositivo mucho más progresivo, pues se puede argumentar que su concepción de la justicia obliga a ello. Se puede plantear una defensa ciñéndonos exclusivamente a sus términos. Así que quisiera reivindicarlo en ese sentido.

Lo que creo que se echaba en falta en Rawls —y he ahí mi crítica principal— es que él quiso definir y defender unos principios de justicia de tal modo que estos no dependieran de la afirmación de ninguna concepción particular del bien o de la vida buena. Mi argumento principal era que no es posible —ni tampoco deseable— aislar las cuestiones de justicia o de distribución de las cuestiones relacionadas con la vida buena, de la valoración, según la hemos llamado aquí. Esa era la línea principal de mi discrepancia.

Esto es relevante para el debate contemporáneo sobre la progresividad fiscal. Y estoy muy de acuerdo con tus argumentos en defensa de unos impuestos más progresivos. No obstante, pienso que, a nivel tanto moral como político, la defensa de los sistemas tributarios progresivos debe fundarse en la capacidad de cultivar y apelar a un sólido sentido de comunidad, una fuerte conciencia de que somos conciudadanos implicados en un proyecto común, con responsabilidades y deudas recíprocas entre nosotros. De ahí que piense que los fundamentos morales de la fiscalidad progresiva y la redistribución son inseparables de esas cuestiones de identidad, pertenencia, adhesión, comunidad o solidaridad.

La política y la filosofía socialistas se inspiraron tradicionalmente en conceptos relacionados con la solidaridad. Lo que Rawls trató de conseguir, en parte, tal vez porque él escribió su libro partiendo de la experiencia estadounidense, fue elaborar una defensa de la redistribución que fuese compatible de algún modo con una determinada versión del individualismo norteamericano. Y, en parte también, ese es el motivo —además del respeto por una cierta idea de pluralismo— de que no quisiera fundamentar su defensa en ninguna concepción particular de unas identidades compartidas o unos fines comunes. Pienso que, desde un punto de vista filosófico, aunque también político, fue un error que los progresistas y los socialdemócratas se empeñaran en tratar de justificar la progresividad fiscal sin atender a la base moral de la vida en común, de la comunidad, de la identidad.

Pues bien, ¿cómo creamos tales condiciones? ¿Cómo cultivamos la comunidad? Esta no puede ser una cuestión puramente abstracta. Tienes mucha razón, Thomas, cuando dices que toda riqueza es una creación colectiva y no un logro individual. Eso es importante. Pero para sentir, percibir y creer que estamos implicados en un proyecto común, que somos dependientes y responsables unos de otros, necesitamos crear condiciones e instituciones en la sociedad civil que nos recuerden esa comunidad, eso que compartimos en común.

He aquí una propuesta concreta para promover esta idea de dignidad y de reconocimiento mutuo. Uno de los efectos más corrosivos de las crecientes desigualdades de las últimas décadas ha sido que las personas acomodadas y las que viven con medios más humildes llevan vidas cada vez más separadas unas de otras. Ya hemos comentado que enviamos a nuestros hijos a centros educativos diferentes, pero también vivimos, trabajamos, compramos y jugamos en sitios distintos. Los ricos se secesionan de las instalaciones municipales y van a piscinas y gimnasios privados. En la sociedad civil, cada vez hay menos instituciones en las que se mezclen personas de clases diferentes y menos ocasiones para el encuentro entre ricos y pobres en el transcurso normal de sus vidas. Hace falta construir una infraestructura cívica para una vida en común en la que las personas se encuentren unas con otras, ya sea en las clínicas de salud, en los transportes públicos, en los parques y áreas recreativas, en las instalaciones municipales, en las bibliotecas o incluso en los estadios deportivos. Esta mezcla inadvertida entre las clases puede dar pie a costumbres, actitudes y predisposiciones que nos recuerden nuestro carácter comunitario. Y eso es inherente a cualquier proyecto dirigido a crear una sociedad más igualitaria, antes incluso de que lleguemos a los tipos impositivos, que estoy de acuerdo contigo en que son también esenciales. Tenemos que crear espacios públicos y comunes que reúnan a personas de orígenes sociales diferentes, que cultiven una conciencia de responsabilidad mutua y de pertenencia.

Creo que, desde el punto de vista filosófico, eso era algo que se echaba en falta en el proyecto de John Rawls. Y, desde el punto de vista político, también se ha echado en falta en las propuestas progresistas y socialdemócratas del pasado medio siglo, y esa es la razón por la que pienso que cualquier intento dirigido a conseguir una sociedad más igualitaria dependerá de que se preste la debida atención a las costumbres, las actitudes y la conciencia de un modo de vida compartido, factores todos ellos que llevan años erosionándose por culpa de la creciente brecha entre los ricos y el resto. Esta es una observación práctica, que no filosófica en sentido estricto; pero está conectada con la idea filosófica de la imposibilidad de separar la defensa de un aumento de la progresividad fiscal, o de un Estado del bienestar más sólido, de una determinada concepción compartida de unas finalidades y objetivos comunes. ¿Qué opinas tú?

Piketty:

Estoy plenamente de acuerdo con eso, pero añadiría que funciona en los dos sentidos, porque tú afirmas que no se puede defender la progresividad del sistema tributario y la compresión de la brecha retributiva sin poner el acento en la comunidad, en la experiencia compartida, en los valores cívicos. Coincido con esa idea. Pero ¿acaso se puede defender la comunidad sin hacer hincapié en la progresividad fiscal?

Sandel:

No, son cosas recíprocamente dependientes. Estoy de acuerdo. Una depende de la otra.

Piketty:

Entonces, cuando dices que tenemos que esperar...

Sandel:

No, esperar, no. Debemos trabajar en ambos aspectos de manera simultánea.

Piketty:

Entonces, ¡aguardo expectante tu próximo libro!

8

Fronteras, migración y cambio climático

SANDEL:

Ahora bien, todo esto sugiere una pregunta más complicada aún de responder. Viene a propósito de la dimensión transnacional de la igualdad y la desigualdad, sobre la que tú has escrito. Se trata de un reto particularmente especial si, como punto de partida, estamos de acuerdo en que el hecho de que una sociedad sea más igualitaria depende de que existan unos lazos más fuertes entre sus ciudadanos. Si estás en lo cierto y todo proyecto de igualdad presenta necesariamente una dimensión transnacional, y estoy de acuerdo contigo, ¿crees que será realmente posible? ¿Cómo sería? ¿Se pueden crear formas de lealtad y pertenencia más allá del Estado nación? Ya nos llevó mucho tiempo generar una conciencia sólida de comunidad dentro del marco de los estados nacionales. ¿Cómo podemos construir una forma de redistribución federada, transnacional, y una mayor justicia global, sin perder de vista la importancia de las identidades compartidas como motivación para la compartición de recursos?

Piketty:

Yo defiendo el socialismo democrático, un socialismo internacionalista federal. Me gustaría que hubiera una especie de Estados Unidos del Mundo con un sistema impositivo progresivo. Para llegar ahí tendrá que pasar mucho tiempo, aunque ya estamos avanzando gracias a ideas como el impuesto mínimo global a las multinacionales o a los milmillonarios. Pero, antes de eso, creo que es preciso que reconstruyamos cierta forma renovada de internacionalismo. Para empezar, en lo que a la progresividad fiscal respecta, todavía se podría hacer mucho más simplemente desde los estados nación existentes. En un país como Estados Unidos, el Gobierno federal cuenta con una amplia capacidad como Estado para imponer una tributación muy progresiva sin tener que pedirles permiso a las Naciones Unidas, a Europa ni a nadie. Es algo que puede hacerse, que debería hacerse; se podría hacer ahora mismo en el ámbito de Estados Unidos.

Pero si tomamos una perspectiva más amplia de la democracia y la justicia transnacionales, creo que el gran problema que tú has identificado muy bien es que los gobiernos de centro-izquierda han desarrollado en las últimas décadas una especie de religión del comercio libre, desprovisto de toda regulación, y que han llegado demasiado lejos. Lo digo en el sentido de que, en primer lugar, los estados han concedido a los individuos el derecho a mudarse adonde quieran entre países sin que tengan que asumir ningún deber colectivo. Así que una persona puede empezar a acumular riqueza en Estados Unidos, Francia o Alemania, por ejemplo, valiéndose de todas las infraestructuras públicas de esos países, de sus sistemas jurídicos y legales, de sus escuelas y de sus hospitales, recursos todos ellos de los que dependen tanto tus trabajadores como tú mismo. Y luego, habiendo adquirido el derecho a hacerlo, se puede pulsar una tecla y transferir esa riqueza a otra jurisdicción a la que el Gobierno nacional no tiene posibilidad alguna de seguirla ni gravarla. Entonces, el Gobierno le dice a la ciudadanía: «Oh, qué mala suerte. No sabemos adónde ha ido la riqueza. No hay nada que podamos hacer». Pero el caso es que ha sido el propio Estado el que ha ayudado a construir ese sofisticadísimo sistema legal internacional que permite que alguien transfiera su riqueza muy lejos con solo presionar un botón. Nótese la hipocresía. Hemos empezado a construir un sistema legal internacional que está hecho básicamente para que los más ricos puedan eludir todas sus obligaciones comunes, y luego fingimos que es algo natural.

Eso es lo peor que puedes hacerle a los ideales del internacionalismo, porque así seguro que la gente lo detesta. En cierto modo, es muy triste que Donald Trump pueda hacerse pasar por un moderado en este terreno. Tomemos el ejemplo del TLCAN, el Tratado de Libre Comercio de América del Norte del que ya hemos hablado, que con tanto ahínco impulsó Bill Clinton. Al final, en la campaña de 2016 era Trump quien parecía más moderado respecto al TLCAN que su rival, Hillary Clinton, y, de hecho, ya como presidente terminó aprobando legislación que añadió la condición de que, si se quiere exportar un automóvil de México a Estados Unidos, es necesario que cierta parte de la producción de aquel haya tenido lugar en territorios que paguen salarios superiores a los veinte dólares por hora, o alguna condición salarial parecida. Hay que decir que los parámetros exactos de la normativa se establecieron de tal modo que, al final, nadie tuvo que cumplirlos. Su efecto apenas se dejó sentir en cuanto a los salarios de las plantas de producción estadounidenses, así que fue más un gesto simbólico de Trump que una acción real. Pero el hecho en sí de que fuese una Administración republicana con Trump como presidente la que aprobara este tipo de legislación para introducir un componente social y salarial en el TLCAN previamente aprobado por los demócratas demuestra hasta qué punto las cosas se han vuelto por completo del revés.

Lo mismo sucedió en mi país cuando el Partido Socialista apoyó la integración plena en la Europa del libre comercio y el ingreso de China en la Organización Mundial del Comercio. Aún hoy, uno de los mejores factores de predicción del voto a Le Pen en Francia es quién votó «no» en el referéndum de 2005 sobre la Constitución Europea, un tratado que aquí se vio como una sacralización del libre comercio y de los libres flujos de capital. En realidad, es en esas ciudades pequeñas, sobre todo del noreste de Francia, que sufrieron mucho con la pérdida de empleos industriales tras la entrada de China en la OMC, y que se decantaron de manera desproporcionada por el «no» en 2005, donde todavía se vota masivamente a Le Pen en la actualidad. Tenéis estudios parecidos en Estados Unidos, que muestran que las localidades y los condados que sufrieron las mayores pérdidas de puestos de trabajo a causa de la competencia china fueron los que más votaron a Trump. Y, según algunas estimaciones, sin esos votos adicionales, Trump no habría ganado en 2016.

Tenemos que tomarnos todos estos datos en serio y darnos cuenta de que no podemos culpar solo a los populistas de derecha ni a sus «deplorables» votantes, líderes, etcétera. Creo que los partidos de izquierda y de centro-izquierda que están o han estado en el poder tienen que echarse la culpa a sí mismos y concienciarse de que el propio modo en que construyeron el internacionalismo y la globalización hizo inevitable que la gente normal aborreciese estos procesos.

Como soy un internacionalista y, más aún, un internacionalista socialista, esto es algo que me indigna especialmente. Pero ¿cómo podemos cambiarlo ahora? Creo que debemos partir de la idea de que los países y los gobiernos individuales tienen derecho a fijar las condiciones en las que quieren integrarse en las relaciones económicas y financieras con el resto del mundo. Pongamos un ejemplo muy concreto. Supongamos que estás en Francia y que este país quiere que los beneficios empresariales tributen al 30 por ciento. Hay otros países que exportan al tuyo —ya sean europeos como Países Bajos o Irlanda, ya sean otros como China, Brasil o Estados Unidos— y en los que los beneficios empresariales no tributan al 30 por ciento, sino solo al 10, o al 15 o al 0 por ciento. Podríamos imaginarnos una asimetría parecida con los impuestos al carbono o con otras normativas sociales o medioambientales. En ese caso, creo que Francia debería decir: «Muy bien, tú quieres exportar bienes y servicios a mi país, pero a mí eso me genera un déficit fiscal, porque los productores afincados en territorio galo están pagando un 30 por ciento en el impuesto de sociedades, pero los afincados en el tuyo están pagando un 10 por ciento. Ahí hay, pues, un déficit fiscal del 20 por ciento, por lo que voy a cobrarte la diferencia cuando tú me exportes tus bienes y tus servicios». No estamos hablando de proteccionismo en el sentido convencional del término. La diferencia es que, si el otro país aumenta su tipo impositivo hasta el 30 por ciento o hace lo propio con su precio del carbono, entonces la sanción comercial desaparecerá. Es algo muy distinto del proteccionismo convencional, ya que se trata más bien de conseguir que todos apliquen unos estándares más exigentes. De hecho, lo ideal sería que una parte de lo recaudado por esos impuestos fuese a parar a los países en desarrollo del Sur global, a fin de subrayar la dimensión universalista de esa política. De todos modos, si los países no hacen individualmente algo así y se limitan a esperar a que exista unanimidad en una muy amplia coalición de estados que solucione ese problema por ellos, nunca se hará nada.

Creo que llegará un punto en el que tendremos que salirnos del mapa convencional y aceptar soluciones como esta. Alguien puede decir que se trata de una actitud soberanista, pero yo la llamaría «soberanismo universalista», pues se trata de utilizar criterios universales de justicia social y medioambiental para definir las condiciones bajo las que sea posible proseguir la integración económica mundial. Habrá personas muy descontentas con esto. Habrá, sin duda, quienes intentarán emplear el discurso de la ley para hacernos creer que está prohibido. Se valdrán del sistema legal de la Unión Europea. Se valdrán de la normativa de la OMC. Usarán un lenguaje legalista igual que muchos conservadores han tenido que fingir históricamente que, aunque una mayoría quiera hacer algo en un país dado, no se le puede permitir que lo haga. Pero, al final, tendremos que aplicar algo parecido al «soberanismo universalista» si queremos evitar el total derrumbe del internacionalismo.

¿Cuál es la alternativa? La alternativa, creo, si no hacemos algo así para controlar los flujos del capital y del comercio, será ceder el terreno a los nativistas que buscan controlar los flujos de mano de obra y a quienes se centran en la identidad. Será un desastre. No solucionará los problemas sociales y medioambientales que tenemos que resolver. Algunos dirán: «Vale, sí, será un desastre, pero pronto llegará el día en que pierdan». Bueno, Trump perdió en 2020 y ha vuelto para presentarse de nuevo. No estoy seguro de que queramos probar esa estrategia durante demasiado tiempo. Existe el riesgo real de que los llamados «progresistas», o quienes se autodefinen como tales, acaben sintiéndose cada vez más obligados a defender a los vencedores de la globalización. Y cuando el resultado de eso se afiance, será ya muy difícil de cambiar.

Así que, sí, hay que reconstruir el internacionalismo, y, para ello, habrá que cuestionar los cimientos mismos del tipo de regímenes de libre flujo comercial y del capital que se desarrollaron hace treinta o cuarenta años. Tengo la esperanza de que ese cambio se produzca de un modo pacífico a través de la movilización democrática. Pero también podría llegar fruto de una enorme presión desde el Sur, porque yo diría que aquí el gran «elefante en la habitación» es el hecho de que el auge del libre comercio desregulado y el enriquecimiento del Norte han tenido como contrapartida una extraordinaria disminución de la habitabilidad planetaria, y que ese proceso se ceba ante todo con países del Sur global a los que ahora se presiona para que colaboren a luchar del lado de Ucrania y, en general, para que respalden la agenda fijada por el Norte. Sin embargo, hoy muchos países del Sur piensan: «A ver, vosotros solo pensáis en vuestros propios beneficios, vuestro propio enriquecimiento, y no os importa en absoluto el daño que nos habéis causado haciéndoos ricos». Así que este esfuerzo por conseguir una transformación del sistema económico global, el sistema financiero, el sistema fiscal y las normativas medioambientales se dirige tanto a que la población del Norte se reconcilie con la globalización y el internacionalismo como a que se reconcilie con el Sur, por así decirlo, en torno a un proyecto compartido. Si no, estaremos abocados a una situación de extremo enfrentamiento.

SANDEL:

Si he entendido bien la propuesta que acabas de exponer, los estados nación soberanos, en especial los grandes, pueden poner ya en marcha de forma unilateral políticas para impedir que las empresas busquen paraísos fiscales o saquen capital para evadir impuestos en sus países. Pero otro enfoque, que tal vez consideres poco realista, consistiría en tratar de instaurar un acuerdo global o unas instituciones transnacionales que establecieran unos tipos mínimos para el impuesto de sociedades de todos los países. ¿Consideras que eso es demasiado difícil?

Piketty:

Tenemos que seguir dos estrategias al mismo tiempo. Hacen falta medidas unilaterales como la que he descrito a fin de poner el proceso en marcha. Y, a la vez, desde luego, necesitamos proponer una cooperación internacional. Esta podría materializarse en forma de un impuesto mínimo a nivel de la OCDE o, a ser posible, en forma de un gravamen sobre los beneficios empresariales y los milmillonarios a nivel de la ONU. El proceso se ha iniciado ya un poco en cuanto a la tributación de los beneficios empresariales, porque una mayoría de países han acordado recientemente un plan de la OCDE para aplicar un tipo impositivo mínimo del 15 por ciento. Pero esto presenta dos problemas principales si entramos más a fondo en los detalles. Hay múltiples resquicios que los países pueden aprovechar para eludir ese tipo mínimo del 15 por ciento. Además, en cualquier caso, es un tipo demasiado bajo que solo beneficia a los países ricos. Básicamente, los países pobres del Sur recaudarán menos del 1 por ciento de esos nuevos ingresos fiscales. Así que, en el fondo, se trata de un juego entre las agencias tributarias de Washington, París y Berlín, con el que pretenden repartirse entre ellas parte de los ingresos por impuestos que ahora mismo van a parar a paraísos fiscales, pero dejando al margen a los países del Sur.

Creo que esto resulta del todo inaceptable desde el punto de vista de los países del Sur, que llevan mucho tiempo pidiendo que haya una convención fiscal de la ONU, y no de la OCDE, pues esta última es un club de países ricos. Y es lógico, ya que los miembros del club rico tienden a dividirse los ingresos entre ellos, mientras que en la ONU están también los países del África subsahariana, del sur de Asia, etcétera. Todos votaron el año pasado en la Asamblea General de la ONU a favor de una convención fiscal de las Naciones Unidas, salvo Europa occidental y Estados Unidos. Por supuesto, todos los BRICS votaron a favor de esa resolución, toda África, toda América Latina, y nadie habla de eso en Occidente. Todo el mundo habla de Ucrania, sí, que es un tema muy importante, qué duda cabe. Pero ignoramos esta otra cuestión de la confianza, la justicia nacional y la redistribución Norte-Sur.

Eso no está bien, sobre todo tras dos siglos de desarrollo en el Norte que, repito, no se podrían haber dado sin los insumos provenientes del resto del mundo en forma de mercancías, recursos naturales y mano de obra. Ya he mencionado el ejemplo del algodón, pero también podemos hablar de la mano de obra esclava que fue de África a América del Norte para producir el algodón que luego se usó en la industria europea y que expulsó del mercado a la producción china e india, que era muy potente a comienzos del siglo XIX. Todo eso ya lo sabemos. Se escribió de ello hace mucho, pero tendemos a olvidarlo cuando nos ponemos con los debates concretos sobre, por ejemplo, el impuesto de la OCDE. Así que, sí, necesitamos más cooperación internacional, pero tenemos que llevarla a cabo de un modo menos hipócrita, que tenga realmente en cuenta al Sur.

Y no deberíamos pasarnos de ingenuos. Creo que, en última instancia, es necesario que los gobiernos nacionales hagan ya mismo lo que puedan en sus propios países, y que no usen siempre como excusa el hecho de que quieran que haya antes una coalición o una unanimidad mundiales, por mucho que obviamente también debamos aspirar a conseguirlas. En Europa, yo soy favorable a lo que denomino federalismo social. Abogo por la implantación de un Parlamento Europeo diferente del actual, que funcione como si fuera una asamblea nacional a escala continental para que, mediante la simple aplicación del principio de la mayoría, podamos tener un impuesto europeo al carbono y otro del patrimonio. También defiendo la creación de una asamblea conjunta entre la Unión

Europea y la Unión Africana, que posibilite la aplicación en ambos continentes de unos impuestos conjuntos con los que financiar unos bienes públicos internacionales para ambas orillas del Mediterráneo. Así que soy un internacionalista y un federalista convencido, pero, al mismo tiempo, creo que necesitamos estrategias unilaterales en cada país para ponernos ya en marcha. No nos interesa escoger entre una estrategia o la otra: necesitamos las dos.

S<small>ANDEL</small>:

Me pregunto si podríamos aplicar este mismo enfoque al debate sobre cómo afrontar el cambio climático. Sabemos que es muy difícil que los países se pongan de acuerdo sobre sus responsabilidades en la reducción de las emisiones de carbono. Y las convenciones sobre el clima global se acompañan siempre de negociaciones muy complicadas. Un mecanismo que han impulsado algunos países occidentales —y Estados Unidos en particular— en esos acuerdos globales es la posibilidad de establecer un mercado de compraventa de créditos de emisiones de carbono. Esto significa que los países aceptarán unos compromisos más exigentes de reducción de emisiones si se les permite cumplir esos objetivos no solo reduciendo sus propias emisiones, sino pagando a otro país para que reduzca las suyas y descontándose estas de su propia cuota. ¿Qué piensas de ese enfoque?

PIKETTY:

Pues que es una excusa que se ha buscado Estados Unidos para no tener que reducir sus emisiones de carbono. Creo que no solo no es aceptable, sino que me parece que, en algún momento en los años venideros, inducirá una fuerte reacción adversa en el resto del mundo. Sucederá en algún momento. Si miramos las emisiones de carbono acumuladas de Estados Unidos y Europa occidental durante los últimos doscientos años y las comparamos con el porcentaje que la población de esas dos regiones representa sobre el total de la población mundial, vemos que han acumulado el 60 o el 70 por ciento de las emisiones teniendo menos del 20 por ciento de los habitantes del planeta. Si les añades Rusia y China, el porcentaje de emisiones acumuladas suma entre el 80 y el 90 por ciento, con menos del 40 por ciento de la población total. Esto, en algún punto, provocará una reacción adversa. Es necesario que haya una reducción inmensa de las emisiones de Estados Unidos y Europa. Esta ha comenzado a producirse en pequeña medida, pero partiendo de unos niveles per cápita increíblemente elevados. A veces, se oyen comentarios del tipo: «Ah, pero ¿y China qué?». Y es verdad que las emisiones totales allí son ahora muy grandes, pero en China viven más de mil millones de personas. Es como si los habitantes de Suiza le dijeran a Francia: «Eh, fijaos qué poco emitimos nosotros». Pero, claro, tienen una población diez veces menor. Así que jugar a eso es una estupidez. Si los países con poblaciones no tan grandes quieren convencernos de que pueden seguir contaminando porque tienen menos habitantes, no vamos a llegar muy lejos. Tenemos que fijarnos en los niveles de emisiones per cápita. Y cuando lo hacemos, vemos que la verdad es que Estados Unidos se mantuvo en más de quince toneladas per cápita durante muchas décadas. Los países europeos registraron más de diez o doce toneladas per cápita hasta 1990-2000. Y hoy todo parece indicar que China va a poder desarrollarse sin sobrepasar en ningún momento las ocho o nueve toneladas per cápita. Obviamente, se puede argüir que la tecnología ha cambiado o que cincuenta años atrás no sabíamos lo que sabemos hoy. Y eso es verdad, en parte. Pero, da igual, esa fue la forma en que nos desarrollamos. Esa es la forma en que nos hemos hecho ricos. Nosotros —tú y yo— no somos responsables de lo que estos países decidieron cincuenta o doscientos años atrás, pero sí lo somos de no estar tomando esto en cuenta cuando examinamos nuestras responsabilidades en la actualidad.

Entonces, ¿cuál es la solución? Creo que una de las grandes batallas que están librando las ideologías nacionalista, socialista y liberal tiene que ver con que nacionalistas como Trump o Le Pen estén insistiendo cada vez más en decir: «Vale, ¿queréis que paguemos nosotros sin que lo hagan también China o India? Pues nosotros no queremos pagar». El problema es que si tratas de imponer una redistribución de país a país —Estados Unidos tiene que pagar esto, Francia tiene que pagar esto otro, etcétera—, terminarás llegando a un callejón sin salida, porque los nacionalistas se saldrán con la suya; mucha gente en Estados Unidos y quizá incluso en Francia o en Europa dirá: «Oye, mira, yo no soy tan rico. ¿Por qué tengo que pagar yo? En China hay muchos ricos. ¿Por qué debo pagar yo en vez de ellos?». Eso no va a funcionar. Por eso debemos ir más allá de una representación territorial del conflicto y pasar a algo más parecido a un conflicto de clase, en el que queremos que sean los milmillonarios y las grandes multinacionales los que paguen, da igual si están en Estados Unidos, en China o en Europa. En la cumbre de París de 2015, los países ricos se comprometieron a poner dinero en fondos de compensación climática, pero las cantidades eran demasiado pequeñas para las necesidades de inversión en tecnología verde de África y el sur de Asia. Y ni esas minúsculas sumas se han desembolsado aún. Creo que, mientras obliguemos a los estados a realizar esos pagos con cargo a sus presupuestos generales, nada de eso funcionará.

Lo que haría falta, más bien, es que una fracción específica y precisada de un impuesto mínimo global a los principales milmillonarios, a las multinacionales, vaya a parar directamente a países del Sur en función de sus poblaciones respectivas y, tal vez, en función también de su grado de exposición al cambio climático. Hace un momento hablábamos de esta idea de la aplicación de un impuesto mínimo global a las multinacionales o a los milmillonarios. Pienso que una parte de lo recaudado con él debería destinarse directamente a cada país del mundo, con independencia de si allí hay más o menos base impositiva para ese tributo, es decir, de si los milmillonarios o las multinacionales han invertido de manera específica en ese país o no. Esa perspectiva más general sobre el cambio climático y los doscientos años de desarrollo industrial previo en el planeta tiene todo el sentido, porque todos los países están expuestos al cambio climático, sobre todo en el Sur.

Tenemos que retomar una visión básica del derecho al desarrollo, del derecho al autogobierno, del derecho a la autodeterminación. Y para ello resulta necesario contar con una recaudación fiscal mínima que se destine al África subsahariana y al sur de Asia para que se invierta allí en energía verde, en energía solar, en escuelas y hospitales... El único modo de hacer que esto sea aceptable para la opinión pública de Estados Unidos o de Francia es gravar de forma específica a grandes empresas con mucho patrimonio para que sean ellas las que paguen directamente. Nada que no sea algo así va a funcionar. Y si no lo hacemos, repito, vamos a sentir una fuerte competencia geopolítica de China y Rusia, que propondrán a esos países algún otro mecanismo de financiación con condiciones harto cuestionables en términos de influencia política. Si los países occidentales no proponen algo más aceptable, eso será lo que suceda. Está muy claro.

SANDEL:

Permíteme que ponga a prueba tus principios socialistas internacionalistas con una pregunta sobre las fronteras. ¿Existe alguna buena razón de principios para no tener fronteras abiertas?

Piketty:

Creo que es la misma pregunta. Tenemos diferentes niveles de gobierno: el de tu localidad, el de tu región, el nacional, el continental, el mundial… Tenemos que fijarnos en todos y cada uno de esos niveles. ¿Cuál es el coste y cuáles son los beneficios del autogobierno frente a la cooperación internacional?

Para ser más concreto, te diré que creo que la libre circulación de personas siempre implica la necesidad de financiar unos bienes públicos relativos a la educación, el transporte o el medio ambiente, entre otros. Te pondré un ejemplo. Los estados miembros de la Unión Europea han decidido que cualquiera de sus estudiantes es libre de ir a estudiar a otro país de la Unión. A mí este me parece un principio fantástico, uno de los mayores logros de la UE. El único problema es que no hemos previsto nada con lo que sufragar ese diferente modo de funcionamiento de las universidades. Así que se puede dar una situación en la que los contribuyentes franceses o los alemanes paguen para que el estudiante vaya a la universidad, pero luego ese alumno se mude a otro país sin que haya un impuesto federal sobre la renta común a toda Europa para compensarlo. Es un sistema muy extraño, porque, al final, está infrafinanciado.

Deberíamos prever una financiación común. Pues bien, lo que hacemos con el resto del mundo plantea problemas similares. Lo que hemos instaurado en los últimos diez años en Europa es un sistema que cobra unas matrículas muy elevadas a los alumnos procedentes de fuera del continente. Ahora mismo, si una universidad francesa acepta a un estudiante de Noruega o de Alemania, este paga prácticamente cero. Pero si acepta a alumnos de Mali o de Bangladesh, estos tienen que desembolsar de cinco mil a diez mil euros cada uno. ¿Acaso no podemos hacerlo mejor? No estoy seguro. A mí me gustaría que hubiera una circulación más libre, mayores posibilidades para que los estudiantes vinieran aquí. Pero para ello haría falta algún tipo de régimen impositivo internacional que permitiera financiarlo.

He dado un ejemplo o una respuesta concreta a una pregunta general, pero creo que ilustra el argumento general que quería exponer. Si planificamos lo bastante bien la financiación de los servicios públicos, ya sean universidades, hospitales, viviendas, transportes o infraestructuras, no veo que haya razón alguna para imponer restricciones fuertes a la libre circulación. Sé que esa es una condición muy grande. Pero lo que quiero decir es que, según mi visión democrática, federalista e internacionalista del socialismo, deberíamos alcanzar una situación muy cercana a la libre circulación y la plena apertura de las fronteras.

Sandel:

¿Significa eso que, en el momento actual, los países ricos tienen derecho a negar la entrada a migrantes de países pobres?

Piketty:

¿A qué te refieres con «derecho»? Yo pienso que todos tenemos derecho a imaginar un sistema mejor. Todos tenemos el deber de pensar en un mejor conjunto de instituciones. Por lo tanto, si lo que me preguntas es «¿Europa está ahora mismo lo bastante abierta al resto del mundo en flujos migratorios?», mi respuesta es no. Nuestra estrategia actual consiste en decir: igual tendrán que morir diez mil o cincuenta mil personas más en el Mediterráneo para conseguir que nadie más quiera cruzarlo. ¿Eso es lo mejor que se nos ocurre? ¿Acaso lo que estamos diciendo es que: «Hemos pensado mucho sobre esto y, tras dos mil años de civilización en la cuenca mediterránea, esta es la mejor solución que se nos ha ocurrido para regular los flujos humanos»? Si lo que me preguntas es si esta es la mejor solución, ya te digo que no, que no lo es.

Nunca hemos sido tan ricos como lo somos hoy en día. Así que desde luego que podríamos hacerlo mucho mejor. Pero me parece que este es un ejemplo más de cómo se ha dado pie al discurso nativista. Al haber renunciado a una continuación ambiciosa del programa igualitarista que busca que los actores económicos más poderosos sean objeto de un control democrático y contribuyan a los bienes públicos que hay que financiar, se ha terminado difundiendo este otro discurso nativista que culpabiliza de nuestros problemas a los migrantes o a la supuesta apertura excesiva de las fronteras. La realidad es que la magnitud de ese flujo, comparada con los quinientos millones de habitantes que viven en Europa, es relativamente pequeña.

9

El futuro de la izquierda: economía e identidad

SANDEL:

El motivo por el que te estoy insistiendo en esto, Thomas, tiene que ver con algo sobre lo que deberíamos hablar antes de terminar: me refiero al futuro de la izquierda. A mí me parece que uno de los puntos políticos más vulnerables de los partidos socialdemócratas es que han dejado que la derecha monopolice algunos de los sentimientos políticos más potentes, como el patriotismo, la comunidad y la pertenencia. La inmigración es un tema que nos obliga a hacernos preguntas sobre la significación moral de las fronteras nacionales e, implícitamente, sobre la de las naciones como comunidades de dependencia y responsabilidad mutuas.

Mi sensación es que el futuro de una política de izquierdas dependerá de que se desarrollen respuestas más completas a ese tipo de interrogantes. Creo que es un error ceder el patriotismo a partidos de derechas. Me parece que los partidos socialdemócratas y progresistas deberían exponer su propia concepción del patriotismo y la pertenencia. Por ejemplo, cuando las empresas buscan paraísos fiscales para no pagar impuestos en los países donde venden sus productos y obtienen sus beneficios, ¿no podríamos describir tal conducta como un fracaso del patriotismo económico? ¿Acaso las empresas no tienen el deber patriótico de pagar impuestos y contribuir al bien común en el país que les permite prosperar?

En todo caso, y yendo más allá de este ejemplo, ¿estás de acuerdo con el diagnóstico de que los partidos de la izquierda han tenido muchos problemas, sobre todo en décadas recientes, para expresar una ética de la pertenencia, la comunidad y la identidad compartida? ¿Qué ha sido del tradicional énfasis izquierdista en la solidaridad, el orgullo cívico y la obligación de unos para con los otros que tienen los ciudadanos? Un sano sentido del orgullo cívico puede ofrecer una alternativa a la xenofobia y al hipernacionalismo. ¿Y no resulta necesario también para sustentar la idea de ese Estado del bienestar más generoso que mantienen los socialdemócratas y los socialistas democráticos?

Piketty:

En primer lugar, creo que, si nos fijamos de verdad en las zonas concretas donde Trump o Le Pen están recibiendo un montón de votos, lo que mejor explica este apoyo electoral es la pérdida de empleos —en particular, la pérdida de puestos de trabajo industriales debida a la competencia comercial—, más que la afluencia de inmigrantes. Y me parece que es muy importante que nos demos cuenta de eso. Si tratamos de explicar por qué unos sitios votan más a Trump o a Le Pen atribuyéndolo a una variable como la llegada de inmigrantes o la proporción de personas de origen extranjero o extracomunitario en la población total, explicaremos muy poco.

Sandel:

Pero la prominencia de la cuestión migratoria es muy alta en algunos sitios donde hay muy pocos inmigrantes. ¿Por qué ocurre eso?

Piketty:

No digo que no haya sucesos observables que expliquen cosas. Lo que digo es que hay otro fenómeno observable que explica mucho, y este es la destrucción de empleos. Abordemos esta cuestión. Me preguntas por qué la izquierda no ha sabido responder. Pues porque no ha abordado las cuestiones del comercio y el empleo. No ganarán compitiendo con la derecha nacionalista en el terreno del discurso identitario o en el de la inmigración, porque la derecha nacionalista siempre será más convincente en ese frente. Lo importante, creo, es que abordemos lo que es realmente la cuestión central para los votantes. En Estados Unidos, está muy claro que, en los condados donde Trump está recibiendo más votos, el gran factor que explica ese apoyo electoral es la destrucción de empleo industrial. No es la llegada de inmigrantes de países musulmanes o de otros sitios. Verlo así es un error.

Vemos la misma evolución en Francia. Está muy claro que el electorado que históricamente votaba al Frente Nacional, a Jean-Marie Le Pen, padre de Marine Le Pen, era sobre todo de áreas urbanas en las que se tenía mucho contacto con la población inmigrante. Y entre ese electorado de Le Pen padre había personas que estaban claramente muy indignadas con los inmigrantes norteafricanos. A estos votantes los absorbieron por completo Sarkozy y su partido derechista y pro libre mercado, el LR, primero, y muchos también votaron en 2022 a Zemmour, un candidato muy muy antimusulmán, mucho más virulentamente antimusulmán en cierto sentido que Le Pen, pero muy liberal en política económica. Ahora Zemmour recibe un voto racista muy burgués, llamémoslo así, que además es un voto muy urbano. Lo que se lleva Reagrupamiento Nacional, el partido de Marine Le Pen, que es el nuevo nombre del antiguo Frente Nacional, es un voto bastante focalizado en ciudades pequeñas sin población inmigrante y donde la verdadera cuestión en su día fue la oposición a la integración comercial europea y al tratado de Constitución para la UE de 2005.

Cuando estuvo en el poder, Sarkozy fue la voz de la derecha liberal y del libre mercado. Trató de atraer a esas personas posicionándose con fuerza en el apartado de la identidad. Fue muy contundente. Dijo: «Tenemos a muchos chicos y chicas jóvenes, sobre todo chicos, procedentes del norte de África. Hay que librarse de ellos. Vamos a poner policía en todas partes». Pero, al mismo tiempo, quería que el parlamento nacional ratificara el tratado de la Constitución Europea de 2005 sin tocar ni una coma, y eso que era un tratado al que el electorado ya le había dicho «no» en un referéndum. Esos votantes terminaron diciendo: «Claro, tú piensas que vas a conseguir nuestro apoyo simplemente mostrándote violento con los norteafricanos, pero, en el fondo, eso no nos importa. Nuestro problema de verdad es la competencia comercial. La cuestión no es si esta viene de Turquía, de China, de Argelia o de México. La cuestión es que estamos perdiendo puestos de trabajo».

Otra cuestión problemática que creo que también importa mucho en Estados Unidos es que la población de las ciudades pequeñas siempre ha sido estigmatizada. Es gente a la que se critica, por ejemplo, por tener coche propio o casas independientes, y que tiene que oír de boca de los habitantes de las capitales que es responsable del cambio climático y de las emisiones de carbono. Pero, luego, los capitalinos bien que se suben a un avión para pasar un fin de semana en Roma; sus emisiones son muchísimo mayores. Creo que cuestiones como la pérdida de empleos, el comercio, la competencia, el transporte o la vivienda son los temas concretos que han llevado a la sensación que esa gente tiene de abandono por parte tanto del centro-derecha como del centro-izquierda, mucho más que las cuestiones relacionadas con la identidad. Se puede ver que los políticos que han intentado competir con la derecha nacionalista agitando la bandera de la identidad —como Sarkozy o Zemmour, en el contexto francés— no consiguieron quedarse con estos votantes, que lo que en realidad demandan es un cambio en la manera en que la globalización y el sistema económicos están organizados.

Resumiendo, creo que el problema de la izquierda es que no solo no ha cuestionado la forma en que se ha organizado la economía, sino que ha actuado como valedora de la evolución de esa forma de organización, como tú mismo has mostrado muy bien. He ahí un reto que todavía no se ha afrontado con la seriedad debida, porque la izquierda de hoy dice básicamente: «De acuerdo, pues firmemos acuerdos internacionales, acuerdos internacionales y más acuerdos internacionales». Y si no consigue que se firmen, ¿qué hace? No hace nada en absoluto. Por eso, la acción unilateral a la que me he referido antes es tan importante. Mientras la izquierda diga «Vale, pero estamos esperando a que se produzca un acuerdo internacional sobre impuestos comunes, sobre impuestos al carbono y sobre todo lo demás», lo que en esencia le estará diciendo a la ciudadanía es: «No hay nada que podamos hacer si los otros no se avienen a un acuerdo. Nada, salvo una única cosa. Solo hay una política económica que podamos aplicar, que es controlar nuestras fronteras por cuestiones migratorias y de identidad». Si te pasas décadas diciéndole eso mismo a la población, si das a entender que eso es lo único que puedes controlar, no debería sorprenderte que el debate político termine girando casi al completo en torno al control de fronteras y la identidad. Creo que eso es una trampa, algo que debería evitarse a toda costa, porque, al final, conducirá a la victoria del bando nacionalista.

Ahora bien, el bando nacionalista también tiene razón en algo. Si nos fijamos de nuevo en qué derroteros ha seguido el debate político desde los tiempos de la Revolución industrial, vemos que, simplificándolo mucho, ha sido protagonizado por tres grandes familias ideológicas: el nacionalismo, el liberalismo y el socialismo. A mi juicio, cada una de esas familias principales ha tenido su parte de razón. El liberalismo ha aportado su acento en la pluralidad de perspectivas y de temas políticos y su énfasis en el papel de las fuerzas del mercado. La competencia ha contribuido hasta cierto punto a la prosperidad, aunque con unos enormes costes y perjuicios sociales, amén de la consabida destrucción medioambiental. Y, a partir de ahí, nacen las dos grandes respuestas a los problemas planteados por el liberalismo. Una es el nacionalismo, que pone el acento en la solidaridad etnonacional. No es una ideología necesariamente estúpida en todos los casos; puede funcionar en algunos. Por ejemplo, no podemos tener un Gobierno mundial de inmediato. Necesitamos fomentar más los intereses y la solidaridad propios en el ámbito de las comunidades locales. Ahora bien, también son muchos los límites al tipo de problemas para los que esta ideología puede aportar alguna solución; de hecho, ha sido usada muy a menudo como tapadera para proteger el poder de las élites locales tradicionales. Y, por último, hay también varias formas de socialismo internacionalista o democrático con las que se trata de construir un sistema económico diferente y alternativo. Es un objetivo difícil, pero, aun así, se han logrado éxitos increíbles, como el auge de la socialdemocracia, la desmercantilización y la progresividad fiscal. No voy a fingir que necesitamos solo un pilar para que la democracia funcione. Hacen falta los tres pilares para que sea fuerte. Pero el socialista o redistributivo de izquierdas está debilitado desde que cayó la Unión Soviética. Es preciso que recupere su fortaleza si queremos que la democracia funcione a escala nacional y transnacional.

Sandel:

Es posible que en todo esto haya cierto matiz diferencial. A ver si te lo puedo describir y luego ya me dirás si tú también lo percibes. Creo que yo no distinguiría con tanta claridad como tú,

Thomas, entre las cuestiones identitarias y las económicas. Desde luego, coincido contigo en que la pérdida de empleos por culpa de las políticas comerciales de la era de la hiperglobalización ha tenido una repercusión política inmensa en cuanto al aumento del apoyo a figuras como Trump o Marine Le Pen, y lo mismo sucede con las trastornadoras repercusiones de los flujos incontrolados de capital y de la financierización de la economía. Pero ahí hay dos tipos de efectos. Uno es el efecto económico directo: la pérdida de empleo, el estancamiento salarial. El otro es un efecto que está ligado a una política de la identidad interpretada en un sentido más amplio que el de las políticas fronterizas o migratorias; hablo de identidad en un sentido que apela a las dimensiones expresivas de la política. Hemos hablado de la dignidad y el reconocimiento. Pues bien, a mí me parece que las personas que vivían en ciudades industriales hoy vaciadas sufrieron no solo un estancamiento de sus salarios o una pérdida de sus puestos de trabajo. También sufrieron en el sentido de que el resto de la sociedad, o aquellos que la gobiernan, no se preocuparon por ellas como conciudadanas, no les otorgaron el reconocimiento, el respeto o la atención a la dignidad que les debían.

Piketty:

Incluso las estigmatizaron responsabilizándolas del cambio climático.

Sandel:

Sí. Tu uso del término «estigma» está estrechamente relacionado con el vocabulario del reconocimiento y la identidad.

Piketty:

Desde luego. En el fondo, todo es una cuestión de identidad. Estoy de acuerdo.

Sandel:

Muy bien, pues quería relacionar esta idea de estigma, de las élites que miran por encima del hombro, con la política de la identidad entendida como parte de la política del reconocimiento y la pertenencia. Según yo veo el futuro de la izquierda, tanto por nuestro análisis retrospectivo en forma de diagnóstico, como por nuestra visión prospectiva en cuanto a qué se necesita para crear las condiciones propicias para la política socialdemócrata, yo diría que no podemos ignorar la política del reconocimiento. Vendría a ser una especie de política de la identidad, aunque no es lo mismo…

Piketty:

No, no es lo mismo.

Sandel:

Pero tenemos que concretarla y, para hacerlo, también tenemos que reconocer y mencionar agravios.

Piketty:

Pero no es lo mismo.

Sandel:

Pero sigue estando dentro del mismo terreno. No es algo puramente económico como la pérdida de empleos.

Piketty:

Nada es puramente económico. Todo es multidimensional. Aquí estamos hablando de un conjunto de aspiraciones. Nos hemos referido al hecho de que estigmaticen a alguna gente por tener coche propio. Así que, sí, en última instancia, pasa a ser un tema de identidad, pero se trata de una forma de identidad muy distinta de aquella otra que subraya los orígenes étnicos, la religión o el color de piel.

Sandel:

Toda la razón.

Piketty:

Sí, y la izquierda tiene que apelar a esa forma de identidad y reaccionar a ella. Creo que la crítica que plantean Trump y Le Pen, y que tan bien les funciona políticamente —aunque quizá más en Estados Unidos—, es la del antielitismo. Allá por los años ochenta o setenta o sesenta, la élite económica, la élite educativa… la élite en su conjunto votaba republicano. El Partido Demócrata sacaba muy malos resultados entre las élites.

Si nos fijamos en los datos actuales, la cosa es ya muy distinta, y me baso en el mismo tipo de datos para Estados Unidos que los que hemos usado en nuestro reciente libro sobre las elecciones francesas. A nivel local, si te fijas en las áreas más lujosas, las más acomodadas, allí se habría votado históricamente republicano. Eso ha cambiado. Y empezó a cambiar mucho antes de Trump, y, en cierto modo, fue eso mismo lo que hizo posible su ascenso. Ahora las zonas más ricas en realidad votan demócrata, y eso es lo que ha posibilitado el ascenso de los republicanos de Trump. Pero podría haber sido otro quien hubiese dicho: «Hey, fijaos, estos dicen que están a favor de la igualdad, pero son todos unos mentirosos. En el fondo, defienden sus propios privilegios». Puedes ver dónde están. Y sí, están en Harvard, pero también en las zonas más privilegiadas del país.

Yo quiero que los demócratas pierdan el apoyo electoral de las áreas más ricas. Mientras sigan teniendo una amplia mayoría de los votos en esas zonas, significará que estarán equivocándose en lo que proponen y no les votarán en los distritos pobres. Significará que el otro bando no va a dejar de caracterizarlos como elitistas. Pero para apelar a quienes no forman parte de la élite no tendrán más remedio que dejar de competir con los republicanos en el terreno identitario, como hacen cuando también agitan la preocupación por la inmigración.

Sandel:

No en ese sentido, desde luego. Lo que dices ha hecho que me acordara de una experiencia que tuve el pasado invierno. Estaba de vacaciones en Florida con mi familia y me subí a un ascensor en el establecimiento donde nos alojábamos. Una señora mayor que subía conmigo me preguntó: «¿De dónde es usted?». Yo le dije: «Boston». Fue lo único que dije. Entonces ella respondió: «Yo soy de Iowa» (que es un estado del centro del país, una región agrícola del Medio Oeste). Y luego añadió: «Y en Iowa sabemos leer». Yo no supe qué responderle. No le había dicho que venía de Harvard. Solo dije «Boston». Y luego, mientras salía del ascensor, añadió: «Es que no nos gusta mucho la gente de las costas». Esto, a su modo, es política de la identidad. No tiene que ver con la inmigración, pero sí con sentirse menospreciados. Tiene que ver con el reconocimiento, con la dignidad.

A lo largo de nuestra conversación, hemos tocado tres aspectos de la igualdad. Uno es económico, relacionado con la distribución de la renta y la riqueza. El segundo es político, referido a la voz, el poder y la participación. Pero también está esa tercera categoría, relativa a la «dignidad», al «estatus», al «respeto», al «reconocimiento», al «honor» y a la «estima». Mi intuición me dice que esta tercera dimensión es la más potente desde el punto de vista político y tal vez también moral. Y que toda esperanza que depositemos en el objetivo de reducir la desigualdad en las dos primeras dimensiones, tanto la económica como la política, dependerá de que sepamos crear las condiciones propicias para una mayor igualdad de reconocimiento, honor, dignidad y respeto. Es un presentimiento. No puedo demostrarlo. ¿Qué piensas tú?

Piketty:

Me parece un planteamiento muy razonable. Y, volviendo sobre uno de los temas a los que hemos aludido, creo que el tipo de programa socialista democrático promovido por Bernie Sanders y Elizabeth Warren, y espero que también en el futuro por otros candidatos más jóvenes y, posiblemente, no tan blancos, avanzará en esa dirección. Creo que el hecho de centrarse en ello es uno de los motivos por los que ese programa ha tenido tanto éxito, sobre todo entre el electorado joven; y cuando digo joven, me refiero a que, entre los votantes de menos de cincuenta años, Bernie y Elizabeth Warren quedaron muy por delante de Biden. Pienso que, siguiendo por esa dirección, el Partido Demócrata logrará restablecer la esperanza y cierto sentimiento de reconocimiento en una parte más amplia del país que Boston y San Francisco. Y cabe extraer conclusiones similares para Europa y para otras zonas del mundo.

Sandel:

Para concluir nuestra conversación, he traído un pasaje del ensayo que Jean-Jacques Rousseau escribió sobre los orígenes de la desigualdad.* Encaja con un tema que ha recorrido toda nuestra conversación, Thomas, porque, al principio, él parece situar los orígenes de la desigualdad en la invención de la propiedad. No obstante, luego explica que incluso esa invención solo pudo ser posible debido a un cambio en las actitudes relacionado con cómo nos reconocemos y nos consideramos unos a otros. Así que me gustaría

* Jean-Jacques Rousseau, «Discurso sobre el origen y los fundamentos de la desigualdad entre los hombres» (1754), en *Del contrato social. Discursos*, Madrid, Alianza, 1998, pp. 203-316.

leértelo para ver si tú también lo interpretas así.

Empecemos por la explicación del origen de la desigualdad como una consecuencia de la invención de la propiedad: «El primero al que, tras haber cercado un terreno, se le ocurrió decir *esto es mío* y encontró personas lo bastante simples para creerle fue el verdadero fundador de la sociedad civil». A continuación, Rousseau añade: «Cuántos crímenes, guerras, asesinatos, miserias y horrores» se habrían ahorrado si alguien hubiera «arrancado las estacas […] [y] hubiera gritado a sus semejantes: "¡Guardaos de escuchar a este impostor!; estáis perdidos si olvidáis que los frutos son de todos y que la tierra no es de nadie"».

Eso ya por sí solo es bastante potente. Pero luego Rousseau añade: «Esa idea de propiedad depend[e] de muchas ideas anteriores», una «lenta sucesión de acontecimientos y de conocimientos» (y Rousseau tira de ironía al utilizar la palabra «conocimientos», pues, recordemos que, para él, la civilización trae consigo una especie de corrupción). Él imagina un primitivo estado de la humanidad en el que las personas no eran tan inseguras y no se comparaban unas con otras. Y dice que, con el tiempo, comenzaron a reunirse en torno a un gran árbol para cantar y bailar: «Todos comenzaron a mirar a los demás y a querer ser mirado uno mismo, y la estima pública tuvo un precio. Aquel que cantaba o danzaba mejor; el más bello, el más fuerte, el más diestro o el más elocuente se convirtió en el más considerado». Esta competencia por el honor y el reconocimiento fue, según Rousseau, «el primer paso hacia la desigualdad». ¿Piensas que tenía razón?

PIKETTY:

Necesitaríamos más tiempo para hablar del texto de Rousseau, pero pienso que ambas partes de su argumento son importantes. Creo que la segunda puede conectarse también con lo que tú dices sobre el mérito. A mi entender, tanto los orígenes de la desigualdad como los de los problemas que debemos abordar son múltiples y nacen tanto de la desigualdad de propiedad como de la desigualdad de talentos, a las que las personas tratan luego de conferir un sentido moral para poder justificar al vencedor y estigmatizar al perdedor. Todo eso es importante y, en el fondo, todo eso está en el texto de Rousseau.

Pero una de las cosas que Rousseau deja muy claras, creo yo, es que el problema no está tanto en el cercado y el trozo de propiedad privada iniciales como en la acumulación ilimitada de propiedad. Esto es muy evidente en Rousseau y es también la tesis que estoy tratando de desarrollar. El problema no reside en que una persona sea dueña de una casa o de un coche. El problema es la increíble concentración de propiedad que se produce en unas pocas manos y que se acompaña de una concentración de poder. Algunas personas tienen mucho poder; otras no poseen control alguno.

Así pues, la riqueza y la posesión de propiedades no son solo una cuestión de dinero. Son una cuestión del poder negociador de un individuo sobre su propia vida y sobre el resto de la sociedad. Cuando no eres dueño de nada o cuando solo tienes deudas —otra de las cosas que Bernie trató de abordar proponiendo la eliminación de la deuda por préstamos de estudios—, estás obligado a aceptar cualquier condición laboral o salario que te ofrezcan, porque tienes que pagarte el alquiler. Si tienes familia, hay que pagar. Y si solo posees cien mil, doscientos mil o trescientos mil dólares, pues, en fin, desde el punto de vista de un milmillonario es como si tuvieras cero. No hay diferencia entre eso y nada. Pero sabemos que sí que la hay, y muy importante, porque con ese dinero puedes hacer planes. Puedes comprarte una casa. Tal vez no en Nueva York o en París, pero sí en otros muchos lugares del país. Puedes poner en marcha un pequeño negocio. Puedes empezar a ser un poco más selectivo con los trabajos que te ofrecen, que es algo que a los empleadores y a los grandes propietarios no les gusta. No obstante, quizá lo que nos interesa a todos es precisamente que puedas ser más selectivo. Así que tiene que ver más bien con una cuestión de poder, de poder de negociación. En lo que coincido con Rousseau es en que el problema es la acumulación, la acumulación sin límite de propiedad privada.

Sandel:

En fin, hemos cubierto un amplio terreno en nuestro esfuerzo por explorar el significado y la importancia de la igualdad. Hemos ido desde la renta y la riqueza hasta la dignidad y el reconocimiento, pasando por la voz y el poder políticos. Y, como Rousseau, hemos descubierto que la reflexión sobre el significado de la igualdad nos obliga a atravesar los territorios de la economía, la filosofía y la teoría política. Espero que esta conversación tenga continuidad en el futuro. Gracias, Thomas.

Piketty:

Gracias a ti, Michael.